LEKTÜRESCHLÜSSEL
FÜR SCHÜLERINNEN UND SCHÜLER

Friedrich Schiller
Die Jungfrau von Orleans

Von Andreas Mudrak

Philipp Reclam jun. Stuttgart

Dieser Lektüreschlüssel bezieht sich auf folgende Textausgabe:
Friedrich Schiller: *Die Jungfrau von Orleans*. Stuttgart: Reclam, 2002 [u. ö.]. (Universal-Bibliothek. 47.)

RECLAMS UNIVERSAL-BIBLIOTHEK Nr. 15380
Alle Rechte vorbehalten
© 2006 Philipp Reclam jun. GmbH & Co. KG, Stuttgart
Gesamtherstellung: Reclam, Ditzingen
Printed in Germany 2011
RECLAM, UNIVERSAL-BIBLIOTHEK und
RECLAMS UNIVERSAL-BIBLIOTHEK sind eingetragene
Marken der Philipp Reclam jun. GmbH & Co. KG, Stuttgart
ISBN 978-3-15-015380-2
www.reclam.de

Inhalt

1. Erstinformation zum Werk **5**
2. Inhalt **8**
3. Personen **21**
4. Werkaufbau **37**
5. Wort- und Sacherläuterungen **44**
6. Interpretation **49**
7. Autor und Zeit **63**
8. Rezeption **74**
9. Checkliste **79**
10. Lektüretipps/Filmempfehlungen **81**

Anmerkungen **86**

Raum für Notizen **87**

1. Erstinformation zum Werk

Die Jungfrau von Orleans (1801) ist Schillers drittes klassisches Drama nach der *Wallenstein*-Trilogie (1798/99) und *Maria Stuart* (1800). Das Drama verarbeitet erneut einen historischen Stoff: die Geschichte des lothringischen Bauernmädchens Jeanne d'Arc, geboren 1412 in Domrémy, das während der Zeit des so genannten »Hundertjährigen Krieges« zwischen England und Frankreich (1339–1453) die französischen Truppen siegreich anführte. Als sie 13 Jahre alt war, so die Legende, erschienen ihr der Erzengel Michael sowie die Heiligen Katharina und Margareta, von denen sie den Auftrag erhielt, Frankreich vor den Engländern zu retten. 1429 folgte sie ihren inneren Stimmen und erbat sich von Baudricourt, dem Gouverneur der Stadt Vaucouleurs, sie zum Dauphin Karl VII. in Chinon zu geleiten. Der König ließ ihre Glaubwürdigkeit überprüfen und sagte ihr schließlich eine militärische Truppe zu. 1429 beendete Jeanne d'Arc die Belagerung der Stadt Orleans durch die Engländer und ermöglichte die Krönung des Königs in Reims. 1430 wurde sie von den mit dem Feind kollaborierenden Burgundern gefangen genommen, den Engländern ausgeliefert, 1431 in Rouen von einem Inquisitionsgericht als Hexe verurteilt und auf dem Scheiterhaufen verbrannt. Erst 25 Jahre später führte eine Überprüfung des Verfahrens zum Widerruf des Urteils durch Papst Kalixt III. 1920 wurde sie von der katholischen Kirche heilig gesprochen.

Ein geschichtlicher Stoff

Die Legende von Jeanne d'Arc

Schiller führt seine Johanna – im Gegensatz zur historischen Jeanne d'Arc, die trotz der militärischen Erfolge in Wirklichkeit nie einen Menschen getötet hat und ausschließlich eine patriotische Fahnenträgerin gewesen ist – als brutal kämpfende Kriegerin vor. Dafür fürchten sie auch im Stück die englischen Feinde, die in ihr Satan selbst am Wirken sehen. Zugleich führt Schiller mit ihr einen Charakter vor, der allen Widerständen und Rückschlägen zum Trotz seine Lebensaufgabe erkennt, menschliche Schwächen überwindet und im Tode zu ruhmvoller Verklärung gelangt.

Ein Widerspruch

Genau dieser Widerspruch ist es, der aus heutiger Sicht den Zugang zu dieser Tragödie erschwert. Die Heldin im Zentrum des Dramas erweckt nicht zwingend Sympathie. Ihr Denken und Handeln muss nach heutigen ethischen Maßstäben hinterfragt werden: Darf ein Mensch mit missionarischem Eifer eine Aufgabe erfüllen, einen angeblich göttlichen Auftrag ausführend, auch wenn dieser das Töten von Menschen verlangt? Gerhard Schulz bringt diese moralischen Überlegungen, zu denen die Lektüre von Schillers *Jungfrau von Orleans* Anstoß gibt, auf den Punkt: »In ihrem Weg zur Selbsterfüllung wird nun Johanna zeitweilig zur rücksichtslosen Terroristin, die mit dem ›Geisterreich‹ einen ›furchtbar bindenden Vertrag‹ abgeschlossen hat«[1].

Eine besondere Brisanz erhält dieses Thema, wenn zudem ein Teenager – die historische Johanna stirbt bereits mit 19 Jahren – in religiöser und nationaler Begeisterung entflammt. Die junge Erwachsene widersetzt sich der traditionellen Frauenrolle, lehnt es ab zu heiraten und verfolgt fanatisch die ihr aufgetragene Pflicht: So wird sie zur Gotteskriegerin, die kaltblütig ihre Gegner, die englischen Besatzer Frankreichs, bekämpft.

In Anbetracht dessen mag man sich als Schüler fragen:

Soll ich etwa verstehen lernen, wie die Psyche einer Gewalttäterin aussieht, einer Fundamentalistin? Schiller – ein Verherrlicher von Gewalt?

Der vorliegende Lektüreschlüssel möchte u. a. diese kritische Fragestellung aufgreifen und versuchen zu erklären, welche Botschaft Schiller mit dieser Tragödie, die Johann Wolfgang Goethe als Schillers bestes Werk ansah, vermitteln wollte. Den Dichter fesselte an diesem legendären Stoff gerade die Mädchenfigur der Johanna, die Weibliches, Heldenhaftes und Göttliches in sich vereinigt. Die Zeitgenossen um 1800 rührte das Schicksal von Schillers Heldin, die ihre Weiblichkeit und Pflichttreue zugleich spürt, jedoch ihr menschliches Leben ihrer Sendung unterordnen muss. So gesehen setzt Schiller an der inneren Tragik, an dem Dilemma der jungen Frau an, worin sich des Dichters kritische Haltung gegenüber Johannas blutigem Handeln äußert: Die Jungfrau von Orleans gibt ihr Menschsein, ihr Frausein auf und wird ein Opfer des Auftrags, der ihr erteilt worden ist.

> *Die Tragik der Heldin*

2. Inhalt

Prolog

1. In der Nähe von Domrémy, einem Dorf in der Provinz Champagne im Nordosten Frankreichs, wendet sich Johannas Vater Thibaut d'Arc, ein reicher Grundbesitzer, an seine Nachbarn. Er fühlt sich wegen der drohenden Invasion der Engländer gedrängt, seine drei Töchter zu verheiraten. Unter großzügiger Zusicherung von Ackerland, Haus und Hof wünscht er den Werbern seiner beiden älteren Töchter ein gutes und treues Ehebündnis und kündigt feierlich das Hochzeitsfest an, das am nächsten Tag stattfinden soll.

2. Thibaut d'Arc schilt seine dritte und jüngste Tochter Johanna, weil sie sich der Heirat mit dem vortrefflichen Jüngling Raimond verweigert. Im Gegensatz zu Raimonds Verständnis für ihren Hang zu Einsamkeit und für ihre weltabgewandte Frömmigkeit vergleicht Thibaut seine Tochter mit einem »einsiedlerischen Vogel« (86). Von Warnträumen beunruhigt, deutet er Johannas merkwürdiges Verhalten als Eitelkeit, weil sie sich anscheinend ihrer niederen Herkunft schäme. Mit dem Hinweis auf Johannas Begabung, Tugendhaftigkeit und Gehorsam gegenüber ihren Schwestern kann Raimond den Zorn d'Arcs etwas mildern. Dieser warnt aber seine Tochter davor, magisch anmutende Handlungen auszuüben.

> *Das Unverständnis von Johannas Vater*

> *Der Helm – ein Kriegssymbol*

3. Als der Landmann Bertrand aus dem Marktstädtchen Vaucouleurs mit einem Soldatenhelm zurückkommt, der ihm von einer

Zigeunerin aufgenötigt worden ist, reißt ihn Johanna an sich. Bertrand berichtet von der Notlage der Franzosen: Die Engländer sind bis an die Loire vorgestoßen. Die Truppen des französischen Dauphins sind ohne Sold und Willenskraft. Nicht nur die Mutter Karls, Königin Isabeau, auch die Burgunder haben sich mit dem Feind verbündet.

> Frankreich in Not

Die Kunde, dass wenigstens der Ritter Baudricour mit seiner kleinen Truppe den Belagerern von Orleans standhält, versetzt Johanna in Begeisterung. Sie prophezeit den Sieg über die Engländer und die Reichsverräter und offenbart die Vision von einem befreiten Frankreich als gerechtem Gottesstaat.

Dagegen hält der resignierte Thibaut es für ratsam, sich dem Schicksal in Gottvertrauen hinzugeben und »Der Erde Fürsten um die Erde losen« (376) zu lassen.

4. In einem langen Monolog verabschiedet sich Johanna von der Gegend, die sie so liebt. Ein göttlicher Ruf sei an sie ergangen: Sie müsse auf ewig Jungfrau bleiben, werde kein gewöhnliches Frauenleben führen, sondern am Ende »mit kriegerischen Ehren« (415) belohnt werden. An sie sei die Mission ergangen, Frankreich zu erretten und ihren König zu krönen. Den Helm sieht sie als göttliches Zeichen des Kriegsauftrags.

Erster Aufzug

1./2. Im königlichen Hoflager zu Chinon ist Dunois, der uneheliche Sohn des Herzogs von Orleans, empört über den schwächlichen König, dem er vorwirft, sich höfischem Zeit-

> Der schwache König

vertreib hinzugeben statt den Verteidigungskampf aufrechtzuerhalten. Er beklagt den Rücktritt des Oberbefehlshabers des französischen Heeres, der sich bereits mit dem König überworfen hat. Sein Unverständnis und sein Spott Karl gegenüber steigt umso mehr, als dieser ihn angesichts leerer Kriegskassen auffordert, er solle sich bei den lombardischen Finanziers Geld leihen.

3. Drei Ratsherren berichten dem König von der schier ausweglosen Lage, die sogar den Befehlshaber von Orleans genötigt hat, mit den Feinden eine Kapitulationsfrist zu vereinbaren. Die Nachricht vom Tod eines anderen Offiziers und vom drohenden Rückzug des verbündeten schottischen Heeres versetzen den hilflosen König in tiefe Resignation.

4. Freigebig will des Königs Geliebte Agnes Sorel ihren kostbaren Schmuck zu Geld machen lassen, mit dem die Truppen Karls bezahlt werden können. Sie beabsichtigt mit ihrem »Beispiel der Entsagung« (639) Entschlossenheit und Kampfeswillen zu demonstrieren.

5. Der königliche Offizier La Hire bringt die Kunde, dass der Herzog von Burgund, der sich mit dem englischen Feind verbündet hat, ein Versöhnungsgesuch abgelehnt hat. Der Herzog lehnt einen ritterlichen Zweikampf mit Karl ab und fordert stattdessen die Auslieferung Du Chatels, der seinen Vater ermordet hat. Zudem hat das Parlament in Paris Karl seiner Thronansprüche enthoben und den Knaben Heinrich VI. als neuen französischen König eingesetzt. Doch der Schmach nicht genug, hat Karls eigene Mutter, die Königin Isabeau, dem neuen Kinderkönig gehuldigt und ihren Sohn in aller Öffentlichkeit als Missgeburt verspottet.

Niedergeschlagen macht Karl VII. Anstalten, abzudanken und seine Truppen zur Aufgabe zu bewegen, in der

Hoffnung, Philipp der Gute, der Burgunderherzog, werde menschlich mit den Besiegten verfahren.

Sorel und Dunois appellieren an den Nationalstolz ihres Dauphins, damit dieser ehrenvoll den Verteidigungskrieg weiterführe. Als sich Karl zum Rückzug hinter die Loire nach Südfrankreich entschließt, wendet sich Dunois enttäuscht von ihm ab.

6./7. Der treu ergebene Du Chatel rät Karl inbrünstig, mit Philipp dem Guten Frieden zu schließen, und ist bereit, sich selbst auszuliefern. Der König ist zwar vom Opfermut seines Offiziers gerührt, befiehlt aber den Truppenabzug, was Sorel zu einem wehmütigen Beklagen der für sie jammervollen Verbannung hinreißt.

8./9. Unerwartet kehrt La Hire zurück und verkündet die Wende des Schicksals, von der Raoul, ein lothringischer Ritter, berichtet: Während der Kampfeshandlungen sei plötzlich eine Jungfrau »Wie eine Kriegesgöttin« (956) aufgetaucht, die »ein Glanz / Vom Himmel« (958 f.) zu umleuchten schien. Dank der Verwirrung unter den Engländern hätten die französischen Soldaten zweitausend Feinde zu töten vermocht. Die Jungfrau, die auch beim Volk Begeisterungsstürme hervorruft, möchte Karl im Hoflager aufsuchen.

Eine Kriegsgöttin taucht auf

Um die Wunderkraft der Jungfrau auf die Probe zu stellen, werden die Rollen getauscht und Dunois setzt sich anstelle von König Karl auf den Thron.

10. Johanna erkennt den Dauphin, obwohl sie ihn noch nie zuvor gesehen hat. Ihre prophetische Gabe lässt sie sogar den Inhalt Karls nächtlicher Gebete nennen, was den König überzeugt. Der erstaunten Hofgesellschaft offenbart Jo-

Johannas Offenbarung

hanna ihre Herkunft und ihre wundersame göttliche Berufung: Die heilige Mutter Gottes selbst sei zu ihr getreten und habe sie aufgefordert, ihr Schäferinnendasein aufzugeben und das Schwert umzugürten, um damit die Feinde Frankreichs zu vernichten.

Der Erzbischof bekundet angesichts solcher göttlicher Legitimation seine Demut. Die Jungfrau verspricht dem König, Frankreich zu befreien, was sogleich alle anwesenden Ritter in Kampfesbegeisterung versetzt. Um den Sieg im Zeichen ihrer göttlichen Mission herbeiführen zu können, verlangt sie als Banner eine weiße Fahne, auf dem das Angesicht der Gottesmutter Maria und des Jesusknaben zu sehen ist.

> Die religiös motivierte Kriegsmission

11. Ein englischer Bote tritt ein und überbringt ein Friedensangebot des Grafen von Salisbury, der die englischen Truppen befehligt. Johanna weiß jedoch, dass dieser bereits gefallen ist, und unterbreitet dem Herold eine provozierende Alternative: »Euch Frieden zu bieten oder blut'gen Krieg« (1215). Sie schickt ihn dann fort mit dem Auftrag, den Sieg Karls im englischen Lager zu verkünden.

Zweiter Aufzug

1. Die in starke Bedrängnis geratenen Engländer haben sich in eine felsige Gegend zurückgezogen und dort ihr Lager aufgeschlagen. Der Heerführer Talbot beklagt die Niederlage, die nicht zuletzt die feigen Burgunder mitzuverantworten hätten. Ihre Furchtsamkeit vor dem Schreckgespenst der Jungfrau habe zu chaotischen Zuständen im englischen Lager geführt. Talbot, Lionel und der Herzog von Burgund, den die Undankbarkeit seiner Bundesgenossen erzürnt, drohen sich zu entzweien.

2. Königin Isabeau stiftet Eintracht, indem sie die beiden Bündnispartner zu einer realistischen Einschätzung der Situation ermahnt. Talbot dürfe unmöglich die Verstärkung durch die Burgunder aufgeben, da ein Wechsel Philipps des Guten auf die Seite des Dauphins nur Verderben bringen würde.

Kaum haben sich die beiden Feldherren versöhnlich umarmt, fordert der englische Anführer Lionel Isabeau abschätzig auf, nach Paris zurückzukehren.

3.–5. Talbot und Lionel planen einen Überraschungsangriff bei Tagesanbruch, um ihren verschreckten Truppen wieder Kampfesmut zu geben. In derselben Nacht dringt aber Johanna, gefolgt von ihren Soldaten, in das feindliche Heerlager ein und befiehlt dessen völlige Vernichtung. Die Engländer ergreifen, von Todesangst gepackt, die Flucht. Brutal streckt Talbot die desertierenden Männer nieder.

6.–9. Das englische Lager steht in Flammen, die fliehenden Engländer werden erbittert verfolgt. Der Soldat Montgomery begegnet Johanna und sieht keinen anderen Ausweg, als sie um Gnade zu bitten. Seiner Waffe entledigt, appelliert er an Johannas weibliches Mitleid, was sie allerdings nicht zu erweichen vermag. Sie schwört kalt Rache an den Besatzern, die Frankreich unterjochen wollen. Montgomery ergreift Schild und Schwert und stürzt sich auf seine Widersacherin, die ihn aber gnadenlos niedermetzelt.

Montgomerys Tod

Die Kriegerin fühlt in sich die zur Ausführung ihres Auftrages notwendige Unerbittlichkeit und Kampfesstärke.

Plötzlich taucht vor ihr ein unbekannter Ritter mit geschlossenem Visier auf, der Johanna als Ausgeburt der Hölle beschimpft und ihr nahes Ende prophezeit. Es ist der Herzog von Burgund, der sie im Kampf töten will.

10. Johanna gelingt es, den Streit zwischen den königstreuen Offizieren Dunois und La Hire und dem abtrünnig gewordenen Herzog von Burgund zu schlichten: »Kein französisch Blut soll fließen!« (1719) Erst skeptisch, lässt sich Philipp doch von Johannas ernstem Einsatz für das französische Vaterland anrühren und ist nun auch zur Aussöhnung bereit. Die neu Verbündeten umarmen einander leidenschaftlich.

Die Aussöhnung

Dritter Aufzug

1. Der Bastard von Orleans und La Hire haben sich beide in Johanna verliebt und beabsichtigen, sie zu ehelichen. Letzterer beansprucht für sich, der geeignetere Bewerber zu sein, da Johanna aufgrund ihrer einfachen Herkunft des Ranges und Adelsstands von Dunois unwürdig sei.

2./3. Der burgundische Ritter Chatillon kündigt Karl das Eintreffen des Herzogs von Burgund an, der zur Versöhnung mit dem König willens ist. Der König ordnet einen gebührenden Empfang an und das Volk begrüßt Philipp den Guten voll Ergebenheit. Bevor sich Karls Vetter demutsvoll niederkniet, umarmt ihn der König. Der Herzog seinerseits schließt Agnes Sorel in die Arme und überreicht ihr ein Schmuckkästchen »zum Friedenszeichen« (1964). Alle Anwesenden sind vor Rührung den Tränen nahe. Der Herzog gelobt Karl Wiedergutmachung. Zwischen die beiden tritt dann der Erzbischof, der Frankreichs neue Zukunft beschwört und in Anbetracht des unsäglichen Bruderzwists an den Frieden gemahnt.

4. Johanna betritt das königliche Hoflager. Statt des Helmes ist ihr Haar, dem einer Priesterin gleich, mit einem Friedenskranz geschmückt. Unter dem Einfluss von Johanna erweicht Burgunds Herz, sodass er schließlich Du Chatel, dem Mörder seines Vaters, vergibt. Von Karl für die herbeigeführte Schicksalswendung gelobt, sagt die Jungfrau das Wiedererstarken des Königreichs Frankreich voraus. Dem Haus Burgund orakelt sie ein fernes Aufspalten in zwei Herrschaftsgebiete.

Karl erhebt Johanna in den Adelsstand, indem er sie mit einem Schwert berührt und sie somit von ihrer niederen Herkunft löst. Nun steht der Werbung ihrer Freier Dunois und La Hire scheinbar nichts mehr im Wege und beide bitten um ihre Gunst. Doch Johanna muss das Ansinnen zurückweisen, da sie sich als »die Kriegerin des höchsten Gottes« (2203) sieht und deshalb auf ihrer Jungfräulichkeit beharren und jeglicher Neigung zu einem Manne entsagen muss.

> Johannas Entsagung

5. Von der Begeisterung Johannas bewegt, stürzen sich König Karl und der Herzog von Burgund siegesgewiss in die Schlacht.

6.–8. Der englische Feldherr Talbot ist im Kampf von unbekannter Hand tödlich verwundet worden. Desillusioniert hat er die Nichtigkeit seiner Existenz vor Augen. Sein Kampfgefährte Lionel reicht ihm zum Abschied die Hand und kehrt auf den Kriegsschauplatz zurück.

> Talbots Tod

Karl und seine Gefolgsleute preschen mit ihren Soldaten vor und entdecken den verstorbenen englischen Krieger. Voller Respekt ordnet der König ein ehrenvolles Begräbnis für Talbot auf dem Schlachtfeld an. Die Franzosen wähnen

Johanna umringt von Feinden und eilen los, um sie zu retten.

9. Ein geheimnisvoller Ritter in schwarzer Rüstung hat Johanna vom Schlachtfeld fortgelockt. Er warnt die Jungfrau vor weiteren Kampfhandlungen. Unerwartet widersteht dieser ihrem Angriff und versinkt unter Blitz und Donnerschlag im Boden. Johanna glaubt einen Höllengeist am Werk.

> Der schwarze Ritter

10./11. Der unvermittelt auftauchende englische Anführer Lionel versucht Johanna anzugreifen, wird aber von ihr entwaffnet. Gewaltsam reißt sie ihm den Helm vom Kopf herunter und ist im Begriff, ihn zu töten. Doch rührt sie der Anblick seines Gesichts so sehr, dass sie ihn verschont. Sofort peinigen sie Schuldgefühle. Lionel fühlt sich wegen ihrer Großmut zu ihr hingezogen und ersehnt ein Wiedersehen; er flieht vor den nahenden Franzosen.

> Die erwachte Liebe

Als die französischen Mitstreiter Johanna entdecken und ihr die Kunde von dem allgegenwärtigen Sieg bringen, sinkt die leicht Verletzte ohnmächtig zu Boden.

Vierter Aufzug

1. In der Stadt Reims findet die glanzvolle Krönungsfeier König Karls VII. statt. Johanna kann an der allgemeinen Freude keinen Anteil nehmen, weil ihre Gedanken von ihrer schweren Schuld überschattet werden: Sie bezichtigt sich, der »ird'schen Liebe« (2545) anheim gefallen zu sein und ihre Keuschheit verloren zu haben. Ihr ist es unbegreiflich, wie sie Mitleid

> Schuldgefühle

für Lionel empfinden konnte. Sehnsüchtig wünscht sie die Zeit zurück, als sie noch als Hirtin in Unschuld gelebt hat.

2./3. Agnes Sorel bedankt sich ehrfürchtig bei Johanna und versucht, sie an ihre Weiblichkeit zu erinnern, damit sie dem Kampf entsage und der Liebe des Grafen Dunois nachgebe. Johanna preist die reine Liebe, die Sorel allerorten verströme. Sie selbst fühlt sich aber mit Schande befleckt.

La Hire und Dunois überreichen Johanna die Fahne mit dem Abbild der Mutter Jesu, die sie beim Triumphzug tragen soll. Beim Anblick der heiligen Mutter fühlt sie ihr »schuldig Haupt« (2744), weshalb sie die Fahne nur widerwillig ergreift.

4.–7. Vor der Kathedrale zu Reims drängen sich die Volksmassen, die der Krönung beiwohnen. Unter den Schaulustigen befinden sich der Landmann Bertrand sowie die Schwestern von Johanna mit ihren Ehemännern und Raimond. Der prunkvolle Krönungszug zieht vorüber und Margot erblickt stolz die ruhmvolle Schwester. Sie befürchtet, Johanna könnte sie wegen ihres niederen Standes verachten.

8. Johannas Vater, Thibaut d'Arc, ist ebenfalls zu den Feierlichkeiten erschienen, um seine Tochter, notfalls mit Gewalt, vor ihrem vermeintlichen Verderben zu retten.

9. Johanna tritt verstört aus der Kirche und muss sich der zuströmenden Menschenmenge erwehren. Die Orgeltöne hallen ihr noch wie Donner in den Ohren nach. In dem Augenblick, in dem sie schließlich ihrer Schwester und Bertrands gewahr wird, sehnt sie sich wieder zu ihrer väterlichen Heimstatt zurück, wo sie als unschuldiges Mädchen ihr einsames Schäferinnendasein in den Bergen führte.

10.–13. König Karl tritt im Krönungsornat vor das Volk und preist Johanna als die von Gott gesandte Befreierin.

Plötzlich löst sich aus der Menge ihr Vater und klagt seine eigene Tochter des Teufelspakts an. Entsetzt weichen die ihr Nahestehenden zurück, doch Johanna steht wie unter einem Bann, unfähig, die Worte des Vaters als Verleumdung zu entkräften.

> *Thibaut d'Arcs Anklage*

Dunois ist von Johannas Unschuld überzeugt und möchte ihr zum Zeichen seines Vertrauens die Hand reichen, doch die verstörte Jungfrau wendet sich von ihm ab. Erst als ihr früherer Verlobter Raimond sie auf Erlaubnis des Königs aus der Stadt führt, erwacht sie aus ihrer trancehaften Starre und erfasst bewegt seine Hand.

> *Verbannung*

Fünfter Aufzug

1.–4. Ein Köhlerpaar beobachtet die in der Ferne auflodernden Flammen des neu entfachten Krieges. Mildtätig gewähren sie Johanna und ihrem Begleiter Raimond Obdach. Der aus der Stadt zurückgekehrte Köhlerjunge erkennt Johanna, in aller Munde als Hexe verschrien, an Helm und Rüstung.

Johanna versichert Raimond ihrer Unschuld und erklärt ihm, dass sie die Schmach über sich habe ergehen lassen, weil sie sich ganz der göttlichen Fügung überlassen wollte.

5./6. Königin Isabeau, die abtrünnige Mutter Karls VII., zieht mit Soldaten zum englischen Lager, als sie unterwegs auf Johanna trifft. Sie lässt die Verbannte in Ketten legen und befiehlt, sie zu Lionel zu bringen. Um sich dem Zusammentreffen mit dem englischen Anführer zu entziehen, erbittet die Jungfrau

> *Gefangennahme*

ihre Tötung. In Vorahnung, diesem in Liebe zu verfallen, argwöhnt sie sich von Gott verlassen.

7./8. Die englischen Feinde haben sich erneut erhoben. Graf Dunois beschuldigt hasserfüllt Du Chatel, als Erster an Johannas Aufrichtigkeit gezweifelt zu haben. Der Erzbischof mahnt zur Besonnenheit. Inzwischen hat Raimond das französische Lager erreicht und ist vorgelassen worden. Er bekräftigt Johannas Unschuld und berichtet von ihrer Gefangennahme, was Dunois kurz entschlossen dazu bewegt, alle Franzosen für den Kampf und die Errettung der Jungfrau zu mobilisieren.

9./10. Johanna ist in einem Gefängnisturm eingekerkert. Das Volk fordert zornig ihren Kopf. Lionel bedrängt sie mit seinem Liebeswerben und verspricht ihr, sie zu schützen, wenn sie sich ihm anvertraue. Stolz und trotzig weist Johanna dieses Ansinnen zurück.

Die französischen Heere rücken heran. Königin Isabeau lässt Johanna in schwere Ketten legen, damit sie sich nicht mithilfe von Wunderkräften befreien kann. Lionel versucht noch einmal vergeblich, Johanna auf die Seite Englands zu ziehen, doch sie widersteht tapfer.

11.–13. Johanna vernimmt den Schlachtlärm, der in ihr Gefängnis dringt. Ein englischer Soldat berichtet von der Spitze des Wachtturms aus von dem Ansturm der Franzosen. Als Johanna erfährt, dass Dunois schwer verwundet und auch König Karl gefangen genommen worden ist, betet sie flehentlich zu Gott, der sie erhört: Ihre Ketten springen entzwei, sie entreißt einem Soldaten ein Schwert und stürmt ins Freie.

> *Gott sprengt die Ketten*

Isabeau traut ihren Augen nicht und ist bereit, selbst mit dem Schwert zu kämpfen. Ihr Widerstand ist gebrochen, als La Hire an der Seite der siegreichen Franzosen erscheint.

14. In der Schlacht, die den Franzosen schließlich den Sieg bringt, ist Johanna tödlich verwundet worden und liegt nun, umringt von ihren Landsleuten, mitten auf dem Schlachtfeld. Mit den Ihren ausgesöhnt, richtet sie das letzte Mal ihre Fahne auf, bevor sie erfüllt von ewiger Freude stirbt.

> Gefallen für das Vaterland

3. Personen

Das grundlegende Charakterbild der **Johanna d'Arc** präsentiert der Prolog der Tragödie. Gleich zu Beginn wird sie als Gegenfigur zu ihrem Vater, dem Grundbesitzer Thibaut d'Arc, eingeführt, der auch seine dritte Tochter dem dörflichen Gemeinschafts- und Eheleben verpflichten will. Doch seit ihrer Kindheit lebt Johanna lieber weltentrückt als Schäferin und fern jeglicher menschlicher Gemeinschaft. Im Gegensatz zu ihrem Vater, der sich dem Schicksal ergibt und in unterwürfigem Gottvertrauen und mit Opportunismus auf die Kriegsgefahr reagiert, interessiert sie sich für das Kriegsgeschehen, von dem sie aus Bertrands Bericht erfährt. Voller Eifer breitet sie ihren Hass über den »Reichsverräter« (319), den Herzog von Burgund, und die Engländer in anmaßender Kriegsrhetorik aus, indem sie ausruft, die Feinde Frankreichs »Darnieder kämpfen« (318) zu wollen. Johanna vertritt eine rigorose Prinzipientreue dem allmächtigen Gott-Vater gegenüber, den sie nationalistisch als vaterländischen Gott versteht, weshalb auch der fremde englische König nicht der ›Vater‹ der Franzosen sein könne.

Johannas Außenseiterrolle

Kriegerin mit Wortgewalt

Erfüllt von Wehmut, ihre Heimat verlassen zu müssen, aber gleichermaßen von freudiger Aufbruchstimmung durchdrungen, offenbart Johanna in dem Schlussmonolog des Prologs schließlich den Befehl Gottes, der an sie ergangen sei und den gewaltsamen Befreiungskampf legitimiere. Bedingungslos hat sie sich als göttlich inspirierte Leitfigur deshalb ihrer Pflichterfül-

Liebesverbot und Kampf ohne Gnade

lung hinzugeben, weshalb Liebe und Ehe ihr verwehrt sind. Gottes Lohn für diese Entsagung sind versprochene »kriegerische Ehren«, die Johanna »Vor allen Erdenfrauen« verklären (415 f.). Alsbald erlangt Johanna als »Jungfrau, mit behelmtem Haupt / Wie eine Kriegesgöttin, schön zugleich / Und schrecklich anzusehn [...]«, (955 ff.) den Ruf einer gnadenlosen Kämpferin, die den Feind zuhauf tötet.

Am Königshof eilt ihr der Ruf einer wundersamen Kriegerin voraus, die sich selbst eine Seherin und Prophetin nennt. In der Unterredung mit Karl, dem Erzbischof und den königlichen Offizieren vermag sie den Hofstaat von ihrer Wundertätigkeit zu überzeugen. Sie dominiert das Gespräch, und als sie nach Orleans aufbricht, setzt sich »alles [...] in Bewegung« (Regieanweisung I,11).

Die prophetische Gabe

Nicht nur vermag Johanna in ihrer Eigenschaft als kämpferische Heldin ihre Mission voranzutreiben und die Engländer zur Verzweiflung zu bringen, sie schafft es sogar, die Zwietracht zwischen dem Herzog von Burgund und dem Dauphin (II,10) sowie Du Chatel (III,4) beizulegen und zu ihrer Verbrüderung beizutragen. Obwohl ihr dies als »reine Jungfrau« (1771) glückt, die im Auftrag des Himmels »für Frankreich« (1767) handelt, zeugt ihr Ausspruch »Weg mit den Waffen – drücket Herz an Herz« (1810) von der Stimme ihres eigenen fühlenden Herzens ihren Landsleuten gegenüber.

Plötzlich jedoch bröckelt ihre unerschütterliche Haltung und Siegesgewissheit. Vermochte sie den walisischen Kämpfer Montgomery gemäß ihrer militärischen Pflicht zu töten, obwohl der sie als Unterlegener zuvor in ein Gespräch über Gnade und Menschlichkeit zu verwickeln trachtete, bewirkt der ominöse schwarze Ritter bei ihr eine Tötungshemmung

(III,9), deren Auswirkung Johanna sofort in dem darauf folgenden Kampf mit Lionel zu spüren bekommt: Ungeachtet ihrer Überlegenheit behindert ihre menschliche Rührung den tödlichen Hieb. Lionels Anblick ergreift sie so sehr, dass sie ihn zur Flucht bewegen will. Obwohl Schiller nicht ausdrücklich von entbrannter Liebe und fürsorglicher Verantwortung für den Geliebten spricht, legen Johannas Äußerungen dies nahe: »Ich sterbe, wenn du fällst von ihren [der Franzosen] Händen!« Dieser einzige Satz, den Lionel richtig versteht, wenn er zurückfragt »Bin ich dir teuer?«, lässt sie dann selbst erschauern (2501 ff.). Somit kann sie sich nur noch den Bruch ihres Gelübdes eingestehen, der sie dann weiter ins Unglück stürzt.

> Liebe bringt Verderben

Erst ihr Opfertod für ihr Volk auf dem Schlachtfeld hebt ihre Denunziation als Hexe und ihre Verbannung wieder auf. Statt sie auf dem Scheiterhaufen sterben zu lassen, verherrlicht Schiller seine Johanna durch den Triumph im Heldentod.

Obwohl der historische **Vater** Johannas, **Thibaut d'Arc**, drei Söhne und zwei Töchter hatte, gab Schiller seiner Figur drei weibliche Nachkommen. In Anbetracht der immer schlimmeren Kriegsnöte beabsichtigt Thibaut d'Arc, seine drei Töchter zu verheiraten. Als vermögender Landmann (in Wirklichkeit lebte die Familie d'Arc in ärmlichen Verhältnissen) verteilt er unter den Brautleuten Ackerland zur sicheren Grundlage ihrer Ehe.

Das Weltbild von Johannas Vater wird bestimmt von den Vorstellungen eines traditionellen Familienverbandes in engen dörflichen Grenzen. Solcherart wird der Vater zum

> **Repräsentant mittelalterlicher Frömmigkeit**

Repräsentanten mittelalterlicher Frömmigkeit einerseits und der hierarchisch gegliederten Ständegesellschaft andererseits. Trotz seines Patriotismus vertritt er eine unpolitische und unkriegerische Position und unterwirft das Schicksal der Landleute dem geschichtlichen Weltenlauf (vgl. 366–370). Seiner Freude über »der Schwestern fröhliche Gemeinschaft« (81) entgegengesetzt ist die tiefe Angst vor der Fremdheit Johannas, die nicht wie ihre Schwestern dem väterlichen Wunsche folgen will. Ihr einzelgängerischer Rückzug an verrufene Orte macht sie ihm so suspekt, dass sein einfaches, frommes Gemüt von Angstträumen geplagt wird, die zu seinem geradezu fanatischen Abscheu gegen Johannas »sünd'gen Hochmut« (130) führen. Thibaut d'Arc deutet Johannas Außenseitertum als vermeintliches Schamgefühl wegen ihrer gesellschaftlichen »Niedrigkeit« (126). Sein traditionsverhaftetes Rollenbild duldet keine Tochter, die ihre Jugend vergeudet und sich nicht einem liebevollen und schützenden Mann zur Seite gesellt. Vollends konsterniert ist er wegen Johannas Interesse an der politischen Lage Frankreichs: »Was kümmert's dich? Du fragst / Nach Dingen, Mädchen, die dir nicht geziemen« (292 f.).

> **Traditionelles Rollenbild**

D'Arcs Missbilligung von Johannas Verstoß gegen die dörflichen Konventionen und ihr Übertreten der Geschlechterrolle als Frau führen schließlich dazu, dass er seine eigene Tochter anklagt, im Bunde mit dem Teufel zu sein. Dem frisch gekrönten König Karl hält er deshalb vor: »Gerettet glaubst du dich durch Gottes Macht? / Betrogner Fürst. Verblendet Volk der Franken! / Du bist gerettet durch des Teufels Kunst« (2974 ff.). Ob er seiner Tochter in seinen letzten Worten, die Schiller ihn sprechen lässt, wirklich die Chance einräumt, ihre Schuldlosigkeit darzulegen, ist nicht mit Sicherheit zu sagen (vgl. 3021 ff.). Vermutlich hat er seine Tochter bereits von vornherein wegen ihrer Andersartigkeit abgeurteilt.

Die Repräsentanten des französischen Königshofes

Karl VII., dem Dauphin (Thronfolger) von Frankreich, kommt eine wichtige Rolle zu. Er hat als oberster Herrscher die völlig auswegslose Kriegssituation zu verantworten. Zwar ist die prekäre militärische Lage auf die erfolgreiche Intervention der englischen Truppen zurückzuführen, doch erweist sich der aussichtslose Widerstand als letztlich durch die sentimentale Realitätsferne des Monarchen verursacht. Der König verschließt die Augen vor der »rau barbar'schen Wirklichkeit« (515) und träumt sich in romantische Zeiten zurück, in der höfische Minne (Liebe) das Leben edler Ritter bestimmte. Sein Idealbild eines Herrschers ist René der Gute, Graf der Provence, an dessen Hof die provenzalische Schäferdichtung blühte. Wegen dieser sehnsüchtigen Gedanken ist Karl für die Erfordernisse der politischen Wirklichkeit unempfänglich.

Der realitätsferne Thronfolger

Mangels finanzieller Mittel zur Fortsetzung des Verteidigungskrieges und angesichts der Aberkennung seines Thronanspruches durch den obersten französischen Gerichtshof ist der schwache Regent des Blutvergießens müde geworden. Weder die Einwände des Grafen Dunois, der sich empört von seinem wankelmütigen Herrn abwendet (I,6), noch der Versuch seiner Geliebten Agnes Sorel, ihn zum Ausharren zu bewegen und ihn durch den Verkauf ihres Schmuckes zu unterstützen, können den empfindsamen Karl von seiner Entscheidung abbringen, den Rückzug hinter die Loire zu veranlassen.

> Schiller zeichnet einen menschlich anrührenden König, der sich weichlich in die private Gefühlswelt zurückzieht. Seine Naivität, seine Rückwärtsgewandtheit, steht im Gegensatz zu Johanna, die ihre unschuldige Schäferidylle aufgegeben hat, um ihre geschichtliche Rolle wahrzunehmen. Als schließlich die Jungfrau sein »ganzes Schicksal umgewandelt« (2080) hat und er zu Sieg und Königswürde gelangt ist, entfernt er sich von der Haltung, auf die ihn Johanna verpflichtet hatte: »Sei immer menschlich, Herr, im Glück, wie du's / Im Unglück warst« (2085 f.). Der König bedarf nun keiner Wunder mehr und er verleugnet Johanna nach den Anklagen des Vaters vor der Kathedrale zu Reims. Obwohl er sie kurz zuvor noch als Heilige, als »Lichtgestalt« (2967) angebetet hat, lässt er Johanna durch Du Chatel ihre Verbannung mitteilen: »Johanna d'Arc! Der König will erlauben / Dass Ihr die Stadt verlasset ungekränkt« (3042 f.). Am Ende aber muss Karl seinen Fehler einsehen: »Du bist heilig wie die Engel, / Doch unser Auge war mit Nacht bedeckt« (3523 f.). Schiller setzt im Schlussauftritt seine Königsfigur dazu ein, die von Johanna ersehnte Ehrenrettung auszusprechen. Ähnlich einem Staatszeremoniell werden auf sein Geheiß »alle Fahnen sanft auf sie niedergelassen, dass sie ganz davon bedeckt wird« (Regieanweisung V,14).

> **Graf Dunois**, der uneheliche Sohn (Bastard) von Herzog Ludwig von Orleans, ist die Kontrastfigur zu Karl VII.

Sein Denken ist politisch und an den Idealen des ritterlichen Kriegers ausgerichtet. Damit opponiert er gegen die feinsinnige Gefühlswelt Karls. Seiner Auffassung nach müsse Liebe mit Tapferkeit gepaart sein (vgl. 546 ff.). Für das unkriegerische Verhalten seines Königs hat der Bastard nur Verachtung übrig. Karls verweichlichte Sprache bemängelnd, warnt er vor den Folgen unehrenhafter und sentimentaler Phantasterei.

> Ein Vertreter ritterlicher Tapferkeit

Der Verfechter einer entschlossenen Kriegsführung zum Wohle der Nation weiß um den Nutzen von Johannas charismatischer Erscheinung und will die Jungfrau deshalb als Heerführerin einsetzen. Indes glaubt der realistische Kriegsmann an ihre Wundertätigkeit nicht: »Nicht ihren Wundern, ihrem Auge glaub ich, / Der reinen Unschuld ihres Angesichts« (1115 f.). Überzeugt ist er von der Wirkungsmacht der frommen Prophetin, die die Vision eines befreiten Frankreich unter den französischen Soldaten wachhält. Genauso wie der Offizier La Hire begreift er die tapfere Jungfrau nicht als Kriegerin (diese Rolle bleibt ihm den Männern überlassen), sondern als Fahnenträgerin (II,4). Auf der Gewissheit von Johannas Lauterkeit und Unschuld gründet sich seine Liebe zu ihr, die er erst dann enttäuscht sieht, als Johanna, scheinbar vom Vater und von Gott für schuldig befunden, sich von ihm abwendet (IV, 12).

Das Zweiergespann der königlichen Offiziere **La Hire** und **Du Chatel** bildet auf der höfisch-politischen Ebene die Ergänzung zur Figur des Grafen Dunois. Beide sind ihrem König stets treu ergeben. Schiller setzt beide gewissermaßen als

> Treue Offiziere

aktive Randfiguren neben die Protagonisten des Dramas. Ihnen fällt es zu, den Status quo der hoffnungslosen Kriegslage sowie Neuigkeiten (wie das In-Erscheinung-Treten von Johanna) vorzutragen. Du Chatel teilt Karl die besorgniserregende Tatsache mit, dass die Kriegskassen restlos geleert seien. Er versucht Karl zum Friedensschluss mit Philipp dem Guten zu bewegen und anerbietet sich aufopferungswillig, sich ausliefern zu lassen, damit der Grund des Hasses zwischen Burgund und Karl getilgt werden möge: Du Chatel hatte vor Zeiten Philipps Vater getötet. Ohne dass Schiller dieser Ritterfigur eine weitere Entfaltung gönnt, darf Du Chatel kurz die anstehende Verbannung Johannas damit kommentieren, dass er anscheinend von vornherein ihr gegenüber skeptisch gewesen ist: »Ich hab es längst / Gefürchtet« (2749f.). Kritiklos glaubt er dem Urteil, Johanna sei eine Hexe, und trachtet danach, seinen König vor ihr zu schützen: »Kommt! Kommt, mein König! Fliehet diesen Ort!« (3025).

La Hire überbringt als Botschafter katastrophale Nachrichten (I,5): Der Herzog von Burgund weigert sich, den von La Hire im Auftrag Karls hingeworfenen Fehdehandschuh aufzuheben und somit gemäß ritterlicher Sitte den Kampf gegen Karl anzunehmen. Überdies berichtet er von der Krönung des Knaben Harry Lancaster und von der Schmach, die Karl von seiner eigenen Mutter, der Königin Isabeau, bereitet worden ist. Ebenso wie Dunois versucht La Hire, Johanna von weiteren Kampfhandlungen abzuhalten (II,4). Er wünscht sich, dass Johanna als Symbolfigur (mit Fahne, Helm und Brustharnisch) des Verteidigungskrieges »Den Weg des Siegs bezeichne« (1511). Als der Herzog von Burgund nach Johannas Kampf mit Montgomery auf sie einstürmt, stellt sich La Hire gemeinsam mit Dunois schützend vor sie, um der »Prophetin heilig Haupt« (1707) zu schützen.

Ebenso wie Graf Dunois tritt auch La Hire vor den König, weil er um die Hand Johannas anhalten möchte. Einen Streit mit seinem Waffenbruder vermeidend, versucht er Johanna in einer Bescheidenheitsgeste als eher sich selbst ebenbürtig herauszustellen: Sie sei eine »niedre Schäferin« (1840), die ihm als einfachen Soldaten mehr anstünde als seinem Mitbewerber Dunois, der von edlem, königlichem Geblüt sei. Obwohl beider Werben Johanna nicht von ihrer Berufung abbringen kann, bleiben sie besorgt um ihre Angebetete.

Erstaunt über die sonderbare Wandlung Johannas, die nun sogar das Tragen der Fahne verweigert, kann er nur noch entsetzt vor ihr zurückweichen, weil sie die erlösenden Worte der Rechtfertigung nicht auszusprechen vermag (IV,11).

Die historische **Agnes Sorel** wird eigentlich erst im Jahre 1442 die Geliebte (Mätresse) Karls VII. Sie hat im Drama aufgrund ihres sinnlichen, weiblichen Wesens Zugang zum empfindsamen Herrscher. Die Gefühlsschwankungen Karls lösen stets eine mitfühlende Stimmung bei ihr aus. »Komm! Komm! wir teilen Mangel und Gefahr!« (643), ruft sie dem König zu, als sie selbstlos ihren Schmuck anbietet, um die Kriegskasse wieder aufzufüllen. Sie schöpft Kraft aus ihrer Liebe zu Karl und vertraut der Stimme ihres Herzens. In prophetischer Weise beschwört sie ihren Geliebten, an die Versöhnung mit dem abtrünnigen Herzog von Burgund zu glauben, und gemahnt ihn, des Volkes »Liebe zu dem angestammten König« (805) zu vertrauen, die wieder erwache, wenn er Orleans mit aller

Kraft verteidige. Selbst eine leidenschaftliche Befürworterin der Landesverteidigung, sieht sie in Johanna die Retterin Frankreichs und die ausführende Kraft eines höheren Ratschlusses, der die Krönung Karls VII. vorsehe. Als schließlich Johanna aufgrund der militärischen Erfolge die Voraussetzung für die Thronbesteigung geschaffen hat, fordert Agnes Sorel von der jungfräulichen Kriegerin, den Verzicht auf ihre weiblichen Gefühle aufzugeben: »Leg diese Rüstung ab, kein Krieg ist mehr, / Bekenne dich zum sanfteren Geschlechte! [...] O sei ein Weib und du wirst Liebe fühlen!« (2636 f.; 2643). So zartfühlend sie scheint, erkennt sie doch nach des Vaters Beschuldigungen gegen seine Tochter Johanna ihr scheinbar bedrohliches »dunkel tiefes Wesen« (2708) und wendet sich wie die anderen »mit Entsetzen« (Regieanweisung 3006) von ihr ab.

Die englischen Feinde

Den ruhmreichen Oberbefehlshaber der englischen Truppen, **Talbot**, den späteren Earl of Shrewsbury (der in Wirklichkeit 1429 bei Patay von Jeanne d'Arc besiegt und gefangen genommen wurde und erst 1453 starb), zeigt Schiller sogleich in der militärischen Defensive (II,1): Ihm bleibt nichts anderes übrig, als die immer weiter voranschreitende Niederlage der Engländer auf den Aberglauben seiner Leute zurückzuführen. Seinem Verbündeten, dem Herzog von Burgund, hält er vor, seine Truppen hätten sich von dem allgemeinen Gerede, der Satan kämpfe für Frankreich in Gestalt einer Jungfrau, anstecken lassen und seien feige. So nimmt er die Entzweiung des Bündnisses mit Burgund in Kauf, der

Talbot kritisiert die Burgunder

sich wiederum von Talbots Kritik angegriffen fühlt und ihm seine weitere Unterstützung versagen will. Während sein Mitstreiter Lionel nur die Niederlagen beklagen kann, versucht Talbot ohne Unterlass auf die gefährliche Wirkung des um sich greifenden Wahns aufmerksam zu machen. Die einzige Chance, »Dies Furchtbild der erschreckten Einbildung« (1469) zu entzaubern, sieht er in einer direkten Konfrontation mit der Jungfrau: »Es ist beschlossen. Morgen schlagen wir. / Und dies Phantom des Schreckens zu zerstören, / Das unsre Völker blendet und entmannt, / Lasst uns mit diesem jungfräulichen Teufel / Uns messen in persönlichem Gefecht« (1477–1481).

> Kampf gegen den Wahn

Schiller präsentiert Talbot als nüchternen Kriegsmann, dessen Denken und Handeln sich durch Gerechtigkeit und Rationalismus auszeichnet. Die Engländer sieht er so »In einem ehrlich guten Streit begriffen« (1396). Für seine Verbündeten, Königin Isabeau und Burgund, hat er im Grunde nur Hohn übrig, weil sie aus persönlichen Zerwürfnissen und Rachegelüsten heraus den Schulterschluss mit dem Feind gewagt haben. Ihr unpatriotisches Verhalten fasst er als schändlichen Verrat auf, den beide an ihrem Dauphin begehen würden: »Doch grad heraus! Was Ihr am Dauphin tut, / Ist weder menschlich gut, noch göttlich recht« (1399 f.).

> Befürworter einer ehrbaren Kriegführung

Die Ironie des Schicksals will es, dass Talbot Johanna nicht im Zweikampf gegenübertreten darf, sondern durch das Schwert eines Unbekannten tödlich getroffen wird. Verwundet muss er sich den Zusammenbruch seines Weltbildes, das sich auf Vernunftvertrauen

> Der Rationalist versteht die Welt nicht mehr

gründete, eingestehen: »Unsinn, du siegst und ich muss untergehn! / Mit der Dummheit kämpfen Götter selbst vergebens« (2318 f.). Angesichts der Vergänglichkeit des Lebens konstatiert er das Fehlen eines sinnvollen Weltenplans: »Verflucht sei, wer sein Leben an das Große / Und Würd'ge wendet und bedachte Plane / Mit weisem Geist entwirft! Dem Narrenkönig / Gehört die Welt« (2327 ff.).

Die Figur des englischen Heerführers **Lionel** an der Seite Talbots hat Schiller frei erfunden; im Stück wird er zum jüngeren Bruder des Grafen von Salisbury. Allerdings war es in der historischen Wirklichkeit ein Lionel, der Jeanne d'Arc 1430 gefangen nahm.

Für den Lionel im Stück stellt die sich anbahnende Niederlage der englischen Truppen einen gewaltigen militärischen und nationalen Ehrverlust dar. Die Schuld dafür gibt er dem Verbündeten Philipp von Burgund, dessen Truppenteile zuerst aus Feigheit zurückgewichen seien. Lionels Wut steigert sich zu einem Urteil, das – ähnlich dem Abscheu Johannas vor den Engländern – ideologisch die ewige Feindschaft der beiden großen Staaten kategorisch benennt und das Bündnis mit den Burgundern als schweren Fehler bezeichnet: »Französisch Blut / Und englisch kann sich redlich nie vermischen« (1305 f.).

Um die Schande auszulöschen, bittet er Talbot, die Jungfrau lebendig gefangen nehmen zu dürfen, damit sie den englischen Soldaten zur Belustigung vorgeführt werden könne. So liegt es an ihm, die Gegnerin Johanna zum Zweikampf herauszufordern (III,10). Voller Kriegerstolz vermag er der mächtigen Jungfrau Gegenrede zu leisten. Obwohl Johanna bereits zum Todesstoß ausgeholt hat, bettelt er nicht um sein Leben, verweigert jegliche Schonung. Als er

Johanna voller Verzweiflung vor sich sieht, überkommt ihn Mitleid. Er fühlt seinen Hass schwinden und verliebt sich in sie. So ist aus dem vermeintlich ebenbürtigen Widerpart von Johanna, den die patriotische Aufgabe und der Hass gegen die Feinde zum Krieger werden ließen, ein mitfühlender Liebender geworden. Doch Johanna verweigert ihm ein Wiedersehen, das er sich so sehr erhofft.

> Lionel verliebt sich

Nach seinen letzten Äußerungen, in denen Lionel vergeblich versucht, Johanna zu gewinnen, lässt Schiller ihn fast unvermittelt in der Bedeutungslosigkeit verschwinden, wenn er ihm durch Johanna Einhalt gebieten lässt: »Spare deine Worte!« (3399).

Die Verbündeten der Engländer

Schiller entwirft mit **Philipp dem Guten**, dem Herzog von Burgund, und der Mutter Karls VII., der **Königin Isabeau**, zwei unterschiedliche Charaktere, die beide aus einem Rachemotiv heraus handeln.

> Rachemotiv

Der historische Herzog Philipp (III.) der Gute, unter dessen Regentschaft der Kleinstaat Burgund zu höchster Macht aufstieg, erkannte 1420 mit dem Einverständnis der Königin Isabeau »von Bayern«, der Gemahlin Karls VI. von Frankreich, im Vertrag von Troyes Heinrich V. von England als Nachfolger Karls VI. auf dem französischen Thron an, um die Ermordung seines Vaters, Johann ohne Furcht (ein Vetter Karls VII.), zu rächen. Er setzte gemeinsam mit den Engländern den Krieg gegen König Karl VII. fort, mit dem er allerdings 1435 den Frieden von Arras schloss. Ohne die militärische Unterstützung der Burgunder hätten die englischen Invasoren niemals bis Orleans vordringen können.

Im Drama führt die Situation, dass sich durch das Kommando der Jungfrau eine Niederlage in der Schlacht abzeichnet, zu einem Streit unter den Verbündeten. Versucht Burgund sich mit dem Hinweis zu entschuldigen, der Teufel sei in Gestalt der Jungfrau am Werke, wirft Talbot den Burgundern Feigheit vor (II,1). Die gegenseitigen Schuldzuweisungen legen die herrschende Zwietracht zwischen den Bündnisparteien offen: In den Urteilen von Talbot und Lionel werden Burgund und Isabeau gleichermaßen als unehrenhafte Verräter an König und Vaterland stigmatisiert, mit denen sie eigentlich nichts mehr zu schaffen haben wollen.

Schiller arbeitet besonders das negative Persönlichkeitsprofil der Königin heraus. Zwar gelingt es ihr, den Streit fürs Erste beizulegen und Talbot und Burgund zu einer versöhnenden Umarmung zu bewegen (II,2). Doch ihre Handlungsmotivation liegt in niederen Beweggründen: Sie ficht nicht für eine gute Sache, was selbst Talbot zuwider ist. Um ihre Schmach zu rächen, von ihrem Sohn Karl VII. in die Verbannung geschickt worden zu sein, versucht sie mit allen Mitteln die Vernichtung der Franzosen zu unterstützen und das Bündnis mit den Engländern, die sie eigentlich verachtet, aufrechtzuerhalten. Doch die englischen Anführer lehnen eine Führungsposition von Isabeau ab, weil sie weder eine integre Persönlichkeit sei noch ihr eine militärische Rolle zukomme: »Madame, geht nach Paris zurück. Wir wollen / Mit guten Waffen, nicht mit Weibern siegen« (1379 f.).

| Lüsternheit | Zu ihrem Machthunger und ihrer aufdringlichen Art erwähnt Schiller – fast beiläufig – als weiteren Makel ihr lüsternes Temperament: |

Scheinbar in ihrer Weiblichkeit gekränkt, die Zeit ihrer »lebensfrohe[n] Jugend« (1443) an der Seite ihres wahnsinnig gewordenen Ehegatten Karl VI. vergeudet haben zu müssen, nimmt sie für sich wie selbstverständlich in Anspruch, dass man ihr zum Zeitvertreib den hübschen Jüngling Lionel zum Gespielen ›überlässt‹ – der natürlich abwinkt, ihr aber »Die schönsten Frankenknaben« (1457) verspricht.

Im Grunde machtlos und handlungsunfähig, gelingt es ihr am Ende nicht, die Flucht Johannas aus ihrem Kerkerturm zu verhindern. Zum letzten Schwertgefecht bereit, muss sie allerdings ihre Niederlage eingestehen und ihr Schwert zur Kapitulation La Hire übergeben (V,13).

Bleibt Isabeau in ihrer Rolle als rasendes Machtweib gefangen, eröffnet Schiller seinem Philipp dem Guten eine Entwicklung des Charakters, die durch Johannas Wundertätigkeit ausgelöst wird. Beim Aufeinandertreffen mit Johanna auf dem Kampfplatz, auf dem auch Dunois und La Hire erscheinen (II,10), widersteht er zunächst den vermeintlich schmeichlerischen Worten Johannas, da seiner Meinung nach »böse Geister ihr die Worte leihn« (1774). Schließlich rühren ihn dann doch Johannas Appelle für einen Frieden zwischen Burgundern und Franzosen, ohne dass Schiller ihn diese Veränderung rational erklären lässt: »Wie wird mir? Wie geschieht mir? [...] Mir sagt's das Herz, sie ist von Gott gesendet« (1799f.; 1804). Gefühlstrunken fällt er zur Versöhnung Dunois und La Hire in die Arme.

Johannas Wirkung auf ihn ist so stark, dass sein Herz »weiches Wachs in ihrer Hand« (2066) ist, weshalb er sogar zur Versöhnung mit Du Chatel, der seinen Vater Johann ohne Furcht während einer Fehde auf der Yonnebrücke ermordet hatte (vgl. 682), und somit zum Bruch seines Rachegelübdes bereit ist.

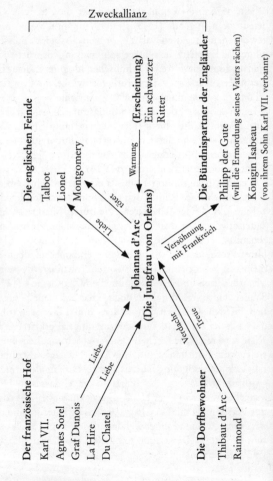

4. Werkaufbau

Mit seinen fünf Akten (Aufzügen) folgt *Die Jungfrau von Orleans* zwar der Bauform des klassischen Dramas, zeichnet sich jedoch durch eine lose Aneinanderreihung relativ selbstständiger Einzelszenen (Auftritte) aus. Zur unkonventionellen Auflösung eines idealtypischen symmetrischen Aufbaus trägt auch eine unterschiedliche Szenenanzahl innerhalb der Aufzüge bei.

Auflösung der klassischen Bauform

Darüber hinaus ist dem 5-Akt-Schema ein Prolog vorangestellt, ein eher erzählerisches Element. Schiller gestaltet in geradezu filmischer Manier – in oft atemberaubender ›Schnittfolge‹ – einen schnellen Szenenwechsel. Damit löst sich das Werk von einer streng klassischen Einheit der Handlung.

Der Prolog erfüllt die Funktion der Exposition, die in die Handlung einführt und zugleich Johannas Ausbruch aus der Familie zeigt. Geschildert wird einerseits durch Bertrands Bericht, wie die geschichtlichen Ereignisse in die bäuerliche Welt hereinbrechen; andererseits zeichnet der Prolog ein Bild von Johannas abgekehrter Daseinsform und liefert damit die Grundlage für ihren Aufbruch zu ihrer patriotischen Tat. Besonders der Schlussmonolog formuliert bereits den inneren Konflikt der Protagonistin, der für die weitere Handlung so wichtig ist: Ihren Abschied verbindet sie mit der göttlichen Forderung, ganz für die Befreiungsmission zu leben und ihr weibliches Verlangen nach Liebe zu einem Mann zu unterdrücken.

Exposition

Der erste Aufzug dient ebenfalls noch der Exposition, da

4. WERKAUFBAU

er den Zuschauer in das Hoflager König Karls VII. versetzt, die unstabile politische Situation aufzeigt und ein Charakterbild des handlungsunfähigen Herrschers bietet. Schiller bereitet in diesem Akt gekonnt Johannas Wirkung vor, indem er schildert, wie sich im Hoflager Karls wegen der desolaten Lage Resignation breit gemacht hat: Die Kämpfe sind verloren, die Kriegskassen geleert, die Verbündeten drohen mit Rückzug, und das Volk in Paris huldigt bereits einem neuen König. Der mutlose König will hinter die Loire zurückweichen, ohne weiter Widerstand zu leisten. Nur das »Wundermädchen« (1003) Johanna kann noch Rettung verheißen.

Der zweite Akt bringt durch eine Spannungssteigerung (steigende Handlung) Bewegung ins Geschehen: Ein kühner Szenenwechsel öffnet eine »Gegend von Felsen« (II,1). Die englischen Heerführer Talbot und Lionel sowie der Herzog von Burgund geben sich gegenseitig die Schuld für die allerorten um sich greifende Niederlage. Ein Zerwürfnis der beiden verbündeten Kriegsparteien im Kampf gegen die Franzosen deutet sich an. Im letzten Moment wird Burgund von Isabeau aufgehalten, das Bündnis aufzugeben.

Steigende Handlung

Im Lager der Engländer hat die Jungfrau Angst und Schrecken verbreitet, die Franzosen hingegen von Sieg zu Sieg geführt, was Talbot in völliger Ratlosigkeit zur Kenntnis nehmen muss (1542–45).

Im Sinne eines retardierenden (verzögernden) Moments ist das Zusammentreffen der Jungfrau mit Montgomery zu begreifen, wo der verhängnisvolle Widerspruch zwischen ihrer göttlichen Aufgabe und ihren persönlichen Gefühlen erstmalig zutage tritt.

Retardierendes Moment

Im dritten Aufzug steuert die Handlung dergestalt auf den Höhe- und Wendepunkt des Dramas zu, dass sich das politische Ziel von Johannas Wirken erfüllt: Im Hoflager Karls huldigt man dem »Götterkind« (1844), das »Frankreich frei gemacht« (1857) hat. Johanna erreicht sogar eine Versöhnung zwischen König Karl VII. und Philipp dem Guten.

Den Wendepunkt der Handlung verlegt Schiller geschickt in Johannas Gefühlswelt: Kann sie sich dem Liebeswerben der Offiziere Dunois und La Hire sowie den Zuwendungen Karls und Agnes Sorels noch entziehen und sich entschlossen in neue Kampfhandlungen stürzen, kommt ihre seelische Zwangslage in den Szenen 9 und 10 zum Vorschein, in denen sie zuerst auf den schwarzen Ritter und dann auf Lionel trifft. Die unheimliche Gestalt ohne Gesicht und Namen warnt die Jungfrau vor weiteren Kampfhandlungen. Die Zuneigung zu Lionel und die Gewissheit, eine von Gott Verlassene zu sein, rufen bei ihr eine solche Verzweiflung hervor, dass sie ohnmächtig auf dem Kampfplatz zu Boden sinkt. Hier liegt neben dem Wendepunkt (der Peripetie) auch zugleich der Umschlag von Unwissenheit in Erkenntnis: Johanna erkennt nämlich, dass sie menschlich fühlt und mit dieser Liebe ihren Auftrag gefährdet.

> Peripetie

Die beiden Handlungslinien der persönlichen Entwicklung Johannas und der politischen Ereignisse entfaltet nun der vierte Akt in gegenläufiger Weise: Im Eingangsmonolog (IV,1) nimmt Johanna zwar im Hochgefühl die wiedererlangte nationale Einheit zur Kenntnis, muss sich jedoch gleichzeitig ihr schweres Vergehen

> Zwei Handlungslinien

leidvoll eingestehen. Wenig später trifft sie die Anklage des Vaters und die Abkehr aller ihr nahe stehenden Personen am Königshof. Ihr Ruhm ist dahin. Demgegenüber haben sich auf politischer Ebene alle Prophezeiungen erfüllt und der Dauphin Karl wird in der Kathedrale in Reims zum König der Franzosen gekrönt. Den grandiosen Triumphzug, dem Johanna nur in seelischer Verstörung beiwohnen kann, beschreibt Schiller als fast überzeichnetes höfisches Zeremoniell (IV,6), was nur umso deutlicher herausstellt, dass Johanna im Grunde am Hofe ein Fremdkörper ist. Am Ende des Aktes steht mit Johannas Verdammung und Verbannung somit die persönliche Katastrophe der Protagonistin.

> Katastrophe

Der fünfte Akt präsentiert zu Beginn eine Umgebung fern der höfischen Welt. Das Vorurteil, die Jungfrau von Orleans sei in Wirklichkeit eine Hexe, ist sogar bis hierhin vorgedrungen. Unweigerlich scheint das Verhängnis seinen Lauf zu nehmen: Als die flüchtige Johanna von Isabeaus Truppen gefangen genommen wird, scheint sie vollends den Glauben an die göttliche Vorsehung verloren zu haben: »Kein Gott erscheint, kein Engel zeigt sich mehr, / Die Wunder ruhn, der Himmel ist verschlossen« (3244 f.). Sie ist gewillt, sich von den Engländern töten zu lassen (V,6). Mit diesem retardierenden Moment scheint die Johanna-Handlung ein jähes Ende gefunden zu haben. Doch mithilfe einer ausgeklügelten Verzahnung des sechsten und des siebenten Auftritts, der das Schicksal Johannas mit dem Frankreichs verbindet, dynamisiert Schiller das Geschehen sofort wieder: Im französischen Lager beklagt man das erneute Aufbäumen des Feindes, so dass der Erzbischof jetzt erkennen muss, dass Johanna zu Unrecht verteufelt worden ist. Ohne ihre

Wundertätigkeit werden die Engländer den Sieg davontragen. Fast als Verzweiflungstat ist Dunois' gehetzter Kriegsaufruf zu werten: »Ganz Frankreich / Bewaffne sich! [...] Setzt alles Blut! Setzt euer Leben ein!« (3319f.; 3322).

Die eingekerkerte Johanna, die noch einmal Lionel vorgeführt wird, widersteht tapfer seinen Annäherungen und hört voller Begeisterung den Ansturm der Franzosen. Durch den dichterischen Kunstgriff des »Deus ex machina« (»Gott aus der Theatermaschinerie«, der in einer ausweglosen Situation eingreift) kommt es zur letzten großen Wende: Durch ein göttliches Wunder wird Johanna von ihren Ketten befreit und sogleich führt sie auf dem Schlachtfeld für ihr Vaterland einen siegreichen Kampf, in dem sie tödlich verwundet wird. Damit setzt die Katharsis (»Reinigung« nach der Tragödientheorie des griechischen Philosophen Aristoteles) ein: Versöhnung und Verklärung begleiten Johannas Tod, die mit der Vision des Himmelsreichs (»[...] ewig ist die Freude!«, 3544) die Erde verlässt, auf der sie als Märtyrerin mit den Fahnen Frankreichs bedeckt wird.

> Deus ex machina

> Katharsis

Werkstruktur

Exposition — *Steigende Handlung*

PROLOG	1. AUFZUG	2. AUFZUG
Ländliche Gegend bei Domrémy (Champagne)	Hoflager Karls zu Chinon	Felsengegend / Englisches Lager
Thibaut d'Arc kündigt eine Hochzeit an

Bertrand berichtet von der Kriegslage

Johanna entbrennt in Patriotismus und nennt ihren göttlichen Auftrag

Johanna nimmt Abschied vom Schäferdasein in ihrer Heimatgegend | Frankreichs Situation ist desolat

Der Dauphin ist resigniert

Eine Jungfrau bringt neue Hoffnung

Karl überprüft Johannas Glaubwürdigkeit

Johanna bewirkt neue Kampfbereitschaft der Franzosen | Die Verbündeten streiten sich

Die Jungfrau verbreitet Angst und Schrecken bei ihren Feinden

Johanna tötet den Waliser Montgomery, fühlt dabei aber Mitleid |

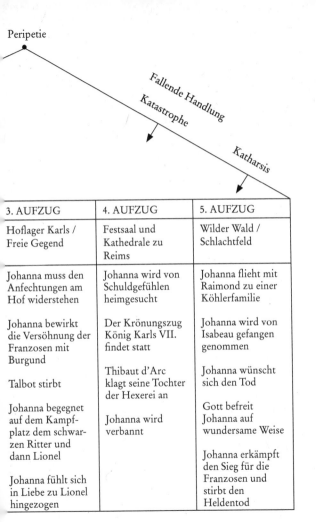

5. Wort- und Sacherläuterungen[2]

6 **Banner:** Fahne.
7 **Gefilde:** Gegend, Landschaft.
9 **Dagoberts:** Dagobert I., ein merowingischer König des Frankenreiches.
14 **Pair:** Kronvasall (Lehnsmann); hier ist der Herzog von Burgund gemeint.
56 **Lenz:** Frühling.
74 **Trift:** Weide.
93 **Druidenbaume:** Eiche, unter der die keltischen Priester (Druiden) ihren Göttern opferten.
99 **Mären:** Geschichten, Nachrichten.
107 f. **eilte / Fürbass:** eilte weiter.
116 **Diadem:** kostbarer Stirnreif.
117 **Zepter:** Herrscherstab.
118 **drei weiße Lilien:** Wappenzeichen des französischen Königshauses.
158 **ob:** hier: wegen.
165 **Vaucouleurs:** Städtchen in der Nähe von Domrémy.
171 **Bohemerweib:** Zigeunerin.
176 **Lanzenknechten:** eigentlich: Landsknechten, d. h. angeheuerten Söldnern.
210 **Loire:** Fluss im Westen Frankreichs.
227 **Hennegau/Namur:** Provinzen in Burgund.
228 **Brabant:** belgische Provinz.
246 **Jesabel:** im Alten Testament die frevlerische Frau des israelitischen Königs Ahab, die von Hunden gefressen wird.
247 **der fürchterliche Salisbury:** Oberbefehlshaber der Engländer vor Orleans.

255 **Warten:** Beobachtungstürme.
267 **Degen:** Kämpfer.
268 **Saintrailles:** Poton de Saintrailles. Mitstreiter von Jeanne d'Arc.
269 **der heldenmüt'ge Bastard:** Graf Dunois, der uneheliche Sohn des Herzogs von Orleans.
282 **Franke:** Franzose.
310 **Rocken:** Roggen.
359 **Löwen:** Sinnbilder der Macht und Hüter des Thrones. Anspielung auf den Thron König Salomons im Alten Testament.
390 **holde:** angenehme; wohlgesonnene.
404 **Knaben Isais:** David.
419 **Oriflamme:** rotseidene Fahne der französischen Könige mit einem goldenen Schaft (von lat. *auri flamma*: »Goldflamme«).
428 **Cherubim:** Mehrzahl von Cherub (das Paradies bewachender Engel).
444 **Normandie:** Landschaft in Nordwestfrankreich.
448 **Troubadours:** provenzalischen Minnesängern (des 12. und 13. Jahrhunderts, nicht adliger Herkunft).
451 **Connetable:** oberste Feldherr.
463 **verdrießlich:** missgestimmt, grantig.
470 **René:** gemeint ist René der Gute, Graf von Provence, aus dem Königshaus Anjou; er wollte die alte provenzalische Poesie der Liebeshöfe (franz. *cour d'amour*) wiederherstellen.
498 **Lombarden:** norditalienischen Geldverleihern.
510 **ist feil:** ist verkäuflich.
518 **Minne:** mittelalterliche Bezeichnung für die Liebe in unterwürfiger Anbetung einer Dame.
527 **wallen:** ziehen.

5. WORT- UND SACHERLÄUTERUNGEN

543 **Tafelrunde:** Tischversammlung von Rittern des Königs Artus, einer Gestalt aus der keltischen Sage.

554 **fodern:** alte Form von fordern, die Schiller im gesamten Text verwendet.

568 **Graf von Rochepierre:** ein von Schiller erfundener Name.

570 **Vertragen:** einen Vertrag abschließen.

618 **Valois:** französisches Herrschergeschlecht.

629 **Danaiden:** in der antiken griechischen Sage die Töchter des Danaos, die im Hades (der Unterwelt) als Strafe für ihren Gattenmord unaufhörlich Wasser in ein durchlöchertes Fass schöpfen mussten.

647 **Pfühl:** Kissen.

701 **verlustig:** beraubt.

706 **Saint Denis:** Vorort von Paris.

715 **Harry Lancaster:** Heinrich VI. von England (1421–1461), bei seinem Regierungsantritt noch ein Kind.

717 **Öhme:** Plural von Ohm (oder auch Oheim): Onkel.

718 **Bedfort und Gloster:** Brüder Heinrichs V., Regenten.

738 **Megäre:** Rachegöttin (Erinnye) aus der griechischen Sage.

780 **Furien:** Plural von Furie (römische Bezeichnung für Erinnye).

797 **heischt:** fordert, verlangt.

816 **Das styg'sche Wasser:** Anspielung auf den Styx, den Grenzfluss zwischen Oberwelt (der Lebenden) und Unterwelt (der Toten); einmal über ihn gesetzt, gibt es kein Zurück mehr.

874 **begüt'gen:** beruhigen; versöhnen.

939 **Fähnlein:** Soldatentruppen.

976 **Entschart:** verschwindet.

5. WORT- UND SACHERLÄUTERUNGEN

1023 **Dauphin:** Bezeichnung für den Kronprinzen bis zu seiner Thronbesteigung.
1050 **Kirchensprengel:** kirchlichen Amtsbezirk.
1095 **weiße Lilien:** Attribute der Jungfrau Maria auf bildlichen Darstellungen; zugleich Hinweis auf das französische Königswappen.
1171 **Herold:** Verkünder, Ausrufer.
1173 **Den Grafen von Ponthieu:** König Karl VII. hieß so, bevor er durch den Tod seiner älteren Brüder Dauphin (Thronfolger) wurde.
1209 **verwesen:** verwalten.
1426 **Gleisner:** Heuchler, Lügner.
1453 **Melun:** Stadt südöstlich von Paris.
1489 **Buhlen:** Genitiv von Buhle (Geliebter).
1563 **Savern:** eigentlich Severn: Fluss in Nordwales, England.
1586 **Wallis:** Wales in England.
1709 **Circe:** die Zauberin aus der *Odyssee* des griechischen Ependichters Homer, die in einer Episode die Gefährten des Odysseus in Schweine verwandelt.
1876 **Lethe:** in der griechischen Mythologie Fluss der Unterwelt, aus dem die Toten Vergessenheit trinken, um ihr irdisches Dasein hinter sich zu lassen.
1888 **Hostie:** Abendmahlsbrot im katholischen Eucharistie-Ritus.
1899 **Instrument:** Urkunde.
1933 **Base:** Cousine.
1934 **Arras:** Herrschaftssitz Philipps des Guten im nordfranzösischen Flandern.
1937 **den Stapel halten:** ausgestellt werden; angeboten werden.
1945 **Leumund:** Ruf.

5. WORT- UND SACHERLÄUTERUNGEN

2193 **der blöden Scham:** der Schüchternheit.
2571 **der Walliser:** Lionel ist hier gemeint.
2626 **Insignien:** Zeichen königlicher Macht.
2758 **hold:** wohlgesinnt.
2764 **Platforme:** erhöhte Terrasse vor dem Kircheneingang.
2794 [Regieanweisung] **Hellebardierern:** mit Stoßlanzen (Hellebarden) Bewaffnete; **Marschälle:** Hofbeamte; **Sainte Ampoule:** (franz.) Gefäß mit dem Salböl.
2845 [Regieanweisung] **adoriert:** bewundert, verehrt.
2957 **dem heiligen Denis:** einem Märtyrer, der erster Bischof von Paris und Schutzpatron von Frankreich war; mit lateinischem Namen St. Dionysius.
3321 **Palladium:** Schutzbild der Göttin Pallas Athene (der griechischen Göttin der Weisheit und des Rechts), hier als Sinnbild für ein Staatsheiligtum.
3421 **Barberross:** von Berbern, einer nordafrikanischen Völkergruppe, gezüchtete Pferderasse (Ross = Pferd).
3422 **Gendarmen:** bewaffneten Edelleuten (in der Leibgarde der französischen Könige).
3472 **Simson:** im Alten Testament der durch Verrat geblendete Simson (auch Samson genannt); ein Held von gewaltiger Kraft, der das Stadttor von Gaza aushob.

6. Interpretation

Schillers Romantisierung der Legende

Hatte Schiller bisher vorrangig in seinen Dramen Ereignisse aus dem 16. und 17. Jahrhundert verarbeitet, wollte er nun eine Episode mittelalterlicher Historie dramatisieren. »Bereits zu Lebzeiten war die Gestalt der Jeanne d'Arc zur Legende geworden, und der allgemein als ungerecht empfundene Hexenprozeß tat ein übriges, ihre Taten im Volksglauben zu verankern. Drei Motive waren es, die in wechselnder Konstellation die Stoffgeschichte prägten: Jeanne als Retterin des Vaterlandes und des katholischen Königtums, Jeanne als Gesandte Gottes und Prophetin und Jeanne als Frau und Liebende.«[3] Die dramatische Behandlung des Johanna-Stoffs setzte in Frankreich im 16. Jahrhundert ein. Der Schriftsteller und Philosoph Voltaire (1694–1778), die Verkörperung der französischen Aufklärung schlechthin, verfasste das komische Heldenepos *La Pucelle d'Orléans* (in deutscher Übersetzung 1763 veröffentlicht), in dem er die Jungfrau dem Spott und der Lächerlichkeit preisgab. Voltaire wollte in seiner Satire den Jungfräulichkeitskult der katholischen Kirche und der Volksfrömmigkeit entlarven und machte aus dem heiligen Bauernmädchen eine vulgäre Herbergsmagd, deren Tugend nur vom heiligen Dionysius bewahrt werden kann.

Voltaires Satire

Schiller strebte gewissermaßen eine dichterische Wiederherstellung des Rufs der Jungfrau an, die er in seinem eigenen Gedicht *Das Mädchen von Orleans* von 1802 (vormals un-

Poetischer Rettungsversuch

6. INTERPRETATION

ter dem Titel *Voltaire und die Jungfrau von Orleans*) thematisierte. Darin stellt er sich unter Bezugnahme auf Voltaire, der es gewagt habe, das »edle Bild der Menschheit zu verhöhnen«, gegen einen vernünftelnden, aufklärerischen Zeitgeist:

> »[...]
> Es liebt die Welt, das Strahlende zu schwärzen
> Und das Erhabne in den Staub zu ziehn,
> Doch fürchte nicht! Es gibt noch schöne Herzen,
> Die für das Hohe, Herrliche entglühn,
> Den lauten Markt mag Momus unterhalten,
> Ein edler Sinn liebt edlere Gestalten.«[4]

Diese poetische Kritik richtete sich gegen ein Lesepublikum – in abwertender Weise als Volk, Pöbel auf dem »lauten Markt« bezeichnet –, das mit Momus, der Personifikation des Spottes, also mit oberflächlich humorvoll-witzelnder Literatur im Stile Voltaires zu unterhalten sei und doch nur wenig von echter Dichtung mit edlen Figuren verstehe.

Um die Jungfrau von Orleans als erhabene Gestalt zu retten, entschloss sich Schiller zu einer Dramatisierung des Stoffs, die er »Romantische Tragödie« nannte, wie dies der Untertitel des Stückes anzeigt. Romantisch meint die Abkehr vom geschichtlich Wirklichen und die Hinwendung zum Seltsamen, Wunderbaren, Unerhörten und zugleich zum Idyllischen der Schäferwelt. Obgleich Schiller wie zu allen seinen historischen Stücken auch bei diesem umfangreiche Quellenstudien betrieben hatte, erwog er, sich von den geschichtlichen Ereignissen weiter als bisher zu entfernen und freier mit dem

Romantisierung

Freier Umgang mit dem Stoff

Stoff umzugehen. Ein Brief des Dichters an seinen Freund Körner vom 16. Juni 1800 offenbart seine Absicht, die Heiligenlegende des Mädchens von Orleans zu bearbeiten: »Poetisch ist der Stoff in vorzüglichem Grade, so nämlich wie ich mir ihn ausgedacht habe, und in hohem Grade rührend.«[5] Für Schiller stellt die freie Bearbeitung des Stoffs eine solche Herausforderung dar, dass er von seinem Freunde wünscht, er möge sein Projekt noch nicht öffentlich bekannt geben. So heißt es weiter in dem Brief: »Auf das Hexenwesen werde ich mich nur wenig einlassen, und soweit ich es brauche, hoffe ich mit meiner eigenen Phantasie auszureichen. [...] Das Mädchen von Orleans läßt sich in keinen so engen Schnürleib einzwängen, als die Maria Stuart.«[6] Statt der Darstellung des Prozesses gegen Johanna und der Verbrennung bietet Schiller zahlreiche theatralische Mittel auf, um der Welt der Legende zu ihrem Recht zu verhelfen. Zur Erschaffung eines romantischen Kolorits des Unheimlichen und Übersinnlichen kommen Symbole (Kriegshelm, Johannas Schwert und Fahne), unheimliche Szenarien (Druidenbaum, Begegnung mit dem schwarzen Ritter) sowie akustisch-visuelle Effekte (Donnern, Blitzen, Musik) zum Einsatz. In eindrucksvoller Weise gelingt es dem Dichter dadurch, das szenenreiche Drama – nicht zuletzt mithilfe anschaulicher Regieanweisungen im Dramentext selbst – dem Leser/Zuschauer den glanzvollen Hofstaat, den Schlachtenlärm und die monumentale Krönung in der Kathedrale zu Reims vorzuführen.

Genauso wie Schiller in formaler Hinsicht die Geschlossenheit der Handlung durchbricht, verfügt er frei über den klassischen Blankvers, indem er das Versmaß des Jambus gezielt an bestimmten Stellen auflockert. Die opernhafte Wirkung unterstützen zudem neben klingenden Reimpaaren auch in Johannas Monologen Stanzen, eine Strophenform mit acht Verszeilen, die in volkstümliche Liedstrophen überwechseln.

Am 24. Dezember 1800 schrieb Schiller seinem Dichterfreund Goethe: »Das historische ist überwunden, und doch soviel ich urtheilen kann, in seinem möglichsten Umfang benutzt, die Motive sind alle poetisch und größtentheils von der naiven Gattung.«[7] Der Begriff des »Naiven«, den Schiller in einer dichtungstheoretischen Schrift dem »Sentimentalischen« gegenübergestellt wissen will, bezieht sich auf den menschlichen Urzustand, in dem eine poetische Figur gezeigt werden solle. Johanna verbringt die meiste Zeit einsam in den Bergen und verkörpert somit dieses natürliche Leben im Einzelgängertum des Hirtendaseins. Diese Außenseiterrolle zeichnet das Spätere vor: Schiller interessierte an Johanna vorrangig der Konflikt, den sie in sich auszutragen hat, das Dilemma, ihre Sendung zu erfüllen und doch ebenso Mensch und Frau zu sein.

Obgleich Schiller demgegenüber weniger Johannas nationalhistorische Rolle in den Vordergrund rückt, lasen viele Zeitgenossen auch eine politische Botschaft in das Stück hinein: Im von Napoleon besetzten Deutschland um die Wende zum 19. Jahrhundert tat das Gefühl nationaler Stärke not: »Man sah in ihr die militante Mystikerin der nationalen Wiedergeburt Frankreichs. Könnte man in Deutschland eine solche charismatische Führergestalt nicht auch ganz gut gebrauchen? Schiller hatte eine Politik der Erlösung auf die Bühne gebracht. […] Wer wollte – und es wollten viele –, konnte im französischen Schicksal des 15. Jahrhunderts das gegenwärtige deutsche wieder erkennen. Frankreich war damals als Nation noch nicht wirklich geeint, es war zersplit-

> *Eine nationale Botschaft?*

tert in Machtzentren und von englischer Fremdherrschaft bedrückt.«[8]

Die Montgomery-Szenen (II,6–8)

Unter Ausnutzung eines mitreißenden Szenenwechsels leitet Schiller die Verdichtung der inneren Handlung durch eine äußere Spannungssteigerung ein. Die als »Phantom des Schreckens« (1478) gefürchtete Jungfrau taucht im Lager der Feinde auf und erregt dort derartige Panik, dass die Soldaten überhastet die Flucht ergreifen. Talbot versucht die Deserteure aufzuhalten (II,3–5). Die Begegnung mit dem Waliser Montgomery in der nächsten Szene wird Johannas inneres Dilemma aufzeigen. Der Dichter hat das Zusammentreffen von Montgomery und Johanna inhaltlich an den 21. Gesang des griechischen Versepos *Ilias* von Homer angelehnt, in dem Achilleus den um Gnade flehenden Lykaon tötet.

Johannas Dilemma

Johanna ist an dieser Stelle gezwungen, ihre kriegerischen Handlungen zu reflektieren und moralisch zu beurteilen. Somit bildet die gedankliche Reflexion das thematische Zentrum der Montgomery-Szenenfolge. Schiller hat in diesen Auftritten das Versmaß des antiken jambischen Trimeters geschickt eingesetzt, um die Figuren ihre Gedanken aussprechen zu lassen. So räsoniert der Waliser über sein Schicksal:

»Wo soll ich hinfliehn? Feinde ringsumher und Tod! / Hier der ergrimmte Feldherr, der mit drohndem Schwert / Die Flucht versperrend uns dem Tod entgegen treibt. / Dort die Fürchterliche, die verderblich um sich her / Wie die Brunst des Feuers raset [...] Weh mir! Was seh ich! Dort erscheint die Schreckliche! / Aus des Brandes Flammen, düster leuchtend, hebt sie sich, / Wie aus der Hölle Rachen ein Gespenst der Nacht / Hervor [...]« (1552–56; 1566–69).

Der reiche Metapherngebrauch und die atemlosen Enjambements (Zeilensprünge) verstärken anschaulich die seelische Bewegtheit Montgomerys. Er ist genötigt, dieser Schreckensgestalt gegenüberzutreten. Einen Ausweg erhofft er sich davon, bei der Jungfrau Mitleid zu erheischen.

Die verbale Gewalt des Satzes »Du bist des Todes! Eine brit'sche Mutter zeugte dich« (1580) veranlasst Montgomery, der Widersacherin zu Füßen zu fallen (Regieanweisung). Statt Montgomery kurzerhand zu töten, fühlt sich Johanna angehalten, ihre Handlungsweise zu rechtfertigen und seine Appelle argumentativ aufzunehmen. Menschlicher, weiblicher Liebe erteilt sie in ihren Gegenreden genauso eine Absage wie dem Versuch ihres unterlegenen Gegenübers, Mitleid für die Familien der Getöteten zu erwirken. Auf Montgomerys letzten Versuch, Johannas Herz zu erweichen, indem er seiner Verzweiflung Nachdruck verleiht, »in der Fremde« (1635) sterben zu müssen, reagiert Johanna mit einer rhetorischen Frage, in der sie dem Aggressor selbst die Schuld gibt: »Wer rief euch in das fremde Land, den blühenden Fleiß / Der Felder zu verwüsten, von dem heim'schen Herd / Uns zu verjagen und des Krieges Feuerbrand / Zu werfen in der Städte friedlich Heiligtum?« (1636–39). Gleichsam um krampfhaft ein sich regendes menschliches Fühlen zu unterdrücken, offenbart die Jungfrau dem verzweifelten Montgomery den göttlichen Imperativ, der sie zur Tat antreibt und ihr das Töten abverlangt:

> Johanna bleibt gnadenlos

»Doch weggerissen von der heimatlichen Flur, / Vom Vatersbusen, von der Schwestern lieber Brust / Muss ich hier, ich muss – mich treibt die Götterstimme, nicht / Eignes Gelüsten, – euch zu bitterm Harm, mir nicht / Zur Freude, ein Gespenst des Schreckens würgend gehn, / Den Tod verbreiten und sein Opfer sein zuletzt!« (1658–1663)

Diese Verse bilden den Höhepunkt der Montgomery-Szenen, da sich in ihnen zeigt, dass Johanna nur noch mit Mühe die Unerbittlichkeit und Gewalttätigkeit ihres Tuns zu vertreten in der Lage ist. Johanna versteht sich als »Opfer«, also als Handlanger kriegerischer Härte im göttlichen und politischen Auftrag, und bemerkt, wie ihre Leidenschaft bald durchzubrechen droht. Aus diesem Grund exponiert Schiller das innere Aufgewühltsein seiner Heldin in dem sich anschließenden Auftritt (II,8), in dem Johanna in einem kurzen Monolog ihre eigene Unsicherheit begreift (1680–83). Menschlich fühlend vermag sie von jetzt an der Konsequenzen ihres Handelns gewahr zu werden. Wenn sie den menschlichen Körper ihres Gegners als einen »Tempel« (1681) wahrzunehmen fähig ist, dann verweist dies auf ihre erwachende Menschenliebe, die bald in der Begegnung mit Lionel auch zu einem Empfinden von Liebe werden wird.

Das Töten wird hinterfragt

Der Rollenkonflikt Johannas

Je mehr sich Johanna dem Ziel ihrer kriegerischen Aufgabe nähert, desto stärker entfernt sie sich von ihrer prophetischen Sendung. Der tragische Konflikt tritt umso

Der tragische Konflikt

deutlicher zutage, je heftiger sie in die Nähe menschlicher, irdischer Probleme gerät. Fühlte sie Regungen des Mitleids bereits in der Auseinandersetzung mit Montgomery, wird ihre Standfestigkeit kurz darauf im Hoflager Karls geprüft. Die beiden königlichen Offiziere La Hire und Dunois treten als Werber um ihre Hand auf, obwohl sie in ihr die unerreichbare »Engelsmajestät« (1855) bewundern. König Karl und Agnes Sorel sind indessen bemüht, Johanna »das schönste Glück der Erden« (2137) zu bereiten. Nach ihrer Erhebung in den Adelsstand drängt der Dauphin Johanna zur Vermählung mit einem der edlen Bewerber. Noch erweist sie sich gegenüber den Anfechtungen der ihr Nahestehenden als unempfänglich. Sie verbittet sich ausdrücklich, ihr Erröten angesichts des Werbens der ehrbaren Ritter als weibliche Schamesröte auslegen zu wollen, und beruft sich wiederholt auf die Bindung an den göttlichen Auftrag: »Ich bin die Kriegerin des höchsten Gottes, / Und keinem Manne kann ich Gattin sein« (2203 f.). Karls redlich gemeintes Ansinnen empfindet Johanna so sehr als bedrückende Zudringlichkeit, dass sie mit Entschiedenheit und Nachdruck auf ihre Sendung verweist: »Dauphin! Bist du der göttlichen Erscheinung / Schon müde, dass du ihr Gefäß zerstören, / Die reine Jungfrau, die dir Gott gesendet, / Herab willst ziehn in den gemeinen Staub?« (2247–50). Johanna ringt demzufolge darum, ihre Rolle als Heldin aufrechterhalten zu können. Schiller lässt seine Protagonistin noch erfolgreich allen Versuchungen trotzen und ihre sittliche Reinheit – im Sinne der Erledigung ihrer von einer höheren Macht auferlegten Pflicht – verteidigen. Doch führt er dem Leser/Zuschauer durch die Begegnung mit Montgomery und die Hoflagerszenen ihre persönlichen Anfechtungen vor, um schließlich durch die Konfrontation mit dem geheimnisvollen schwarzen Ritter (III,9) eine Wendung des inneren Geschehens zu markieren. Mit der scheinbar losen Szenenfolge, in der Johanna erst mit dem unbekannten Ritter und danach mit dem englischen Kämpfer Lionel (III,10) zusammentrifft, gestaltet Schiller den seelischen Zwiespalt seiner Heldin.

Der schwarze Ritter

Die Erscheinung des schwarzen Ritters ist als Personifikation von Johannas tiefer Unsicherheit und Angst zu verstehen. Die mysteriöse Gestalt mahnt sie, in keinen Kampf mehr zu ziehen, und verlangt, dass sie von ihrem militärischen Unternehmen ablasse, dessen Erfolg doch bereits feststehe (»Schau hin! Dort hebt sich Reims mit seinen Türmen, / Das Ziel und Ende deiner Fahrt [...]«, 2434 f.). Bevor der Ritter ohne Gesicht abgehen will, beschwört er sie eindringlich, nicht dorthin zur Königskrönung zu ziehen. Johanna stellt sich dem Trugbild in den Weg und holt zum vernichtenden Hieb aus, woraufhin der schwarze Ritter mit der Aufforderung »Töte, was sterblich ist!« (2445), mit einem Blitzschlag im Boden versinkt. Die Jungfrau bäumt sich innerlich gegen dieses Wesen, ihr erwachendes moralisches Gewissen, auf, indem sie es als bösen Höllengeist zu brandmarken und zu verdrängen sucht. Doch die Frage bleibt bestehen: Darf sie weiterhin menschliches Leben zum Zwecke der Pflichterfüllung töten?

Die Begegnung mit Lionel wird zum Testfall von Johannas sittlicher Festigkeit, ihrer inneren Haltung: Es muss sich zeigen, ob bisher unterdrückte menschliche Neigungen (Sinnlichkeit) ihr rigoroses Vernunftdenken (Pflicht)

Begegnung mit Lionel

aufbrechen und ob ihr somit Zweifel an ihrer Heldenrolle und ihrer Mission kommen. In Asymmetrie zur vorhergehenden Ritterszene ist es diesmal der Gegner Lionel, der Johanna zum Zweikampf drängt. Nach einem kurzen Gefecht hat sie ihm das Schwert aus der Hand geschlagen, weshalb Lionel nun versucht, sie ringend zu besiegen. Doch Johanna ist ihm überlegen, sodass sie ihm den Helm gewaltsam herunterreißt. Wie zuvor bei der Berührung durch den schwarzen Ritter bleibt Johanna auch jetzt unbeweglich stehen, weil die bisher nie gefühlte körperliche Nähe zu dem Widersacher eine Art Beklommenheit in ihr auslöst. Als sie in diesem Augenblick der Anspannung das Gesicht des schönen Jünglings Lionel erblickt, ergreift sie der Anblick so sehr, dass sie den tödlichen Streich nicht führen kann. Sie wendet angestrengt das Gesicht von ihm ab und ersucht ihn, sich zu retten. Lionel allerdings hält es für eine Schmach, Gnade zu erwirken, und bittet nicht um Schonung. Einer Provokation gleich, spricht er höhnisch das aus, was Johanna verzweifeln lässt: »Warum nennst du / Die Heil'ge? Sie weiß n i c h t s von dir, der Himmel / Hat keinen Teil an dir« (2479 f.).

Johanna ist endgültig klar, dass Gott ihr seinen Beistand entzogen und sich von ihr abgewandt hat. In dem wichtigen Eingangsmonolog zum vierten Aufzug muss Johanna ihre »schwere Schuld des Busens« (2541) erkennen und sich eingestehen, dass ihr Mitleid sie von ihrer heldenhaften Existenz entfernt hat: »Und bin ich strafbar, weil ich menschlich war? / Ist Mitleid Sünde? […]« (2567 f.). Sie sucht die Schuld bei sich selbst und erkennt die Ursache: »Mit deinem Blick fing dein Verbrechen an, / Unglückliche!« (2577 f.). Denn: »Ein blindes Werkzeug fodert Gott, / Mit blinden Augen musstest du's vollbringen! / Sobald du s a h s t, verließ dich Gottes Schild, / Ergriffen dich der Hölle Schlingen!« (2577–81).

> Johanna erkennt ihr Menschsein

Gerade dieses Bewusstsein der Diskrepanz zwischen menschlicher Subjektivität und religiöser Sendung lässt sie ihr menschliches Selbst begreifen: Menschsein und aufgebürdete Rolle sind unvereinbar.

Die »Selbstständigkeit« Johannas

Die tragische Zuspitzung des Dramas ergibt sich in dem Augenblick, in dem Johannas erwachende Menschlichkeit mit dem göttlichen Auftrag in Konflikt gerät. Wegen ihrer Übertretung des Gefühls- und Liebesverbots tritt eine abrupte Schicksalswendung ein. Schiller lässt seine Heldin gemäß dem Postulat der tragischen Fallhöhe, wie es die Tragödientheorie traditionell vorschreibt, tief fallen: Johanna verliert ihren aggressiven kriegerischen Antrieb. Glich ihr Auftreten erst dem einer antiken Schlachtenlenkerin (wie der behelmten Pallas Athene, die der Titelkupfer der Erstausgabe des Dramas von 1802 zeigt), peinigen sie nun Schuldgefühle, die ihr den Glauben an sich selbst und ihre Mission nehmen. In einem Brief an Goethe vom 3. April 1801 erläutert Schiller die tragische Konfliktlage, die den fünften und entscheidenden Akt vorbereiten soll: »Von meinem lezten Act augurire [erhoffe] ich viel Gutes, er erklärt den Ersten, und so beißt sich die Schlange in den Schwanz. Weil meine Heldin darinn auf sich allein steht, und im Unglück von den Göttern deseriert [verlassen] ist, so zeigt sich ihre Selbstständigkeit und ihr Character Anspruch auf die Prophetenrolle deutlicher.«[9] Wie diese Briefstelle nahe legt, will Schiller den Verlust der Heiligenrolle im Mittelteil des Dramas gezielt betonen, damit er umso wirkungsvoller Johannas göttliche Errettung und ihr patriotisches Heldentum vorführen kann. Seiner Tragödientheorie folgend lässt Schiller seine Johanna sich zunächst in ihr Leiden verstricken und ihre Kraft erlöschen, damit sie sich als Geläuterte wieder ihrer eigentlichen Befreiungsmission widmen kann.

Im Folgenden nun soll detailliert nachvollzogen werden, wie Schillers Heldin wieder zu ihrer Bestimmung zurückfinden darf: Im vierten Akt muss Johanna voller Schuldgefühle und in innerer Zerrissenheit die pompöse Krönung ihres Königs miterleben. Sich selbst als »Verräterin« (2713) der Himmelskönigin betrachtend, will sie auch standhaft die göttliche Prüfung über sich ergehen lassen. Widerspruchslos nimmt sie es hin, dass ihr eigener Vater sie fälschlich teuflischer Künste anklagt. Sogar als die Ihren sie auffordern, den Anschuldigungen zu begegnen, schweigt sie, obgleich sie weiß, dass alle Welt sie deshalb als Verworfene ansehen wird. Die »heftigen Donnerschläge« (Regieanweisungen IV,11), die als himmlische Zeichen wohl eigentlich ihre Unschuld beteuern, können die anderen so nur als göttliche Bekräftigung von Johannas vermeintlicher Sündhaftigkeit verstehen.

Gottes Zeichen

Überdies dürfen Johannas starke Selbstzweifel nicht übersehen werden, die ihr angesichts ihrer Aufgabe zusetzen. Als einfache Schäferin, ehemals eingebettet in die unschuldige Natur, sieht sie sich durch den Auftrag der Gottesmutter in ihre geschichtlich-politische Rolle gezwungen. Schuldig geworden sei sie nicht zuletzt aus dem Grunde, weil sie »ins Leben, / In den stolzen Fürstensaal« (2610 f.) gerissen wurde. Ihr kommt es so vor, als sei alles bisher Geschehene »Ein langer Traum« (2906) gewesen, aus dem sie nun erschrocken erwacht sei.

Selbstzweifel

Wie bereits im Eingangsmonolog (IV,1) wünscht sie sich

nichts so sehr wie die Rückkehr »In unser Dorf, in Vaters Schoß zurück« (2927), fernab der Welt des Krieges. Die Sehnsucht ist so gewaltig, dass sie ihre Ausfahrt in die Welt der Geschichte sogar als zu büßenden Hochmut und Eitelkeit bezeichnet, wenn sie den Schwestern zuruft: »Wie eine niedre Magd will ich euch dienen, / Und büßen will ich's mit der strengsten Buße, / Dass ich mich eitel über euch erhob!« (2936 ff.). Dieses Zugeständnis, das der Verzweiflung Johannas geschuldet ist, birgt aber gerade einen Hinweis darauf, dass das ehemalige Dorf- und Hirtenmädchen nach seiner schmerzlichen Selbstfindung im 3. Akt hier ihre Familienverbundenheit fühlen darf.

Und genauso wie sie ihren Vater trotz seiner Anfeindungen respektiert, unterwirft sie sich seinem vernichtenden Urteil, weil sie dieses als Prüfung auffasst. Auf die Frage ihres Jugendfreundes Raimond hin, der mit ihr geflohen ist und ihr als Einziger beisteht, warum sie geschwiegen habe, offenbart sie dies: »Weil es vom Vater kam, so kam's von Gott, / Und väterlich wird auch die Prüfung sein« (3150 f.). Aus ihrem Unglück vermag sie neue Kraft zu schöpfen und wieder zu sich selbst zu finden: »[...] Jetzt bin ich / Geheilt, und dieser Sturm in der Natur, / Der ihr das Ende drohte, war mein Freund, / Er hat die Welt gereinigt und auch mich. / In mir ist Friede – Komme, was da will, / Ich bin mir keiner Schwachheit mehr bewusst!« (3174–79).

> Respekt vor dem Vater

Indem Johanna ihr Schicksal und damit den Verzicht auf ein ›normales‹ Leben bewusst akzeptiert, findet sie die innere Ruhe und Kraft, ihren Weg zu Ende zu gehen. Sie gerät in Isabeaus Gefangenschaft, vermag aber durch Gottes Kraft die Ketten zu sprengen und stürmt auf das Schlachtfeld. Selbstlos handelnd und sich aufopfernd, führt sie schließlich ihren König zur Freiheit, der sich dessen bewusst ist: »Ich bin befreit – Ich bin's um diesen Preis!« (3506). In den Worten des Königs mag Schiller Kritik daran üben, wie man Menschen instrumentalisiert: Johanna bleibt es verwehrt, ein irdisches Leben in Menschlichkeit, Glück und Liebe zu führen. Nur als Märtyrerin erlangt sie Ruhm.

Schiller rettet aber seine Johanna durch einen friedlichen Tod, der sie gewissermaßen in den unschuldigen, naiven Kindheitszustand zurückversetzt: »Seht einen Engel scheiden. Seht, wie sie da liegt, / Schmerzlos und ruhig wie ein schlafend Kind!« (3508 f.). So stirbt sie letztlich freudig als »verklärter Geist« (3515). Auch wenn der Dichter hier – der Legende folgend – christliche Erlösungsvorstellungen einbezieht, will er doch in sinnlicher Weise den Weg eines Menschen von Arkadien (der Schäferwelt) nach Elysium (der himmlischen Götterwelt) exemplarisch vorführen.

> Erlösung im Tod

7. Autor und Zeit

Schillers Leben und Werk

Johann Christoph Friedrich Schiller wurde am 10. November 1759 im schwäbischen Marbach am Neckar in ärmlichen Verhältnissen geboren. Aufgrund des militärischen Berufes seines Vaters, des Wundarztes und späteren Werbeoffiziers Johann Kaspar Schiller, war Schillers Kindheit durch häufige Ortswechsel geprägt. Friedrich wuchs im württembergischen Lorch und Ludwigsburg auf, wo er 1767 eine Lateinschule zur Vorbereitung eines theologischen Studiums besuchte. Der Pastor Moser, ein pietistischer Seelsorger, weckte bei dem Knaben den Wunsch, selbst Pfarrer zu werden. 1773 verfügte der Herzog Karl Eugen als Landesherr, dass der vierzehnjährige Schiller in die »militärische Pflanzschule«, die Hohe Karlsschule, eintreten solle, in die seine Eltern ihn lebenslang ›übereignen‹ mussten. Dieses Offiziersinternat bot die Möglichkeit für die jungen Zöglinge, später ein Studium an der Universität Tübingen aufzunehmen. Schillers Lebensweg war damit von ihm ungewollt in neue Bahnen gelenkt, denn an ein Theologiestudium war nun nicht mehr zu denken. Die Kasernierung in dem herzoglichen Schloss Solitude bei Stuttgart war für den Jugendlichen ein einschneidendes Erlebnis. Vorherrschend in dieser absolutistischen Schulkaserne war militärische Disziplin. Die Karlsschüler erhielten keinen Urlaub, sodass sie von ihren Familien abgeschnitten waren. Diese belastenden Jahre in der Abgeschiedenheit von der Außenwelt ließen in Schiller Freiheitsideen zur bestimmenden Kraft seines Denkens und Dichtens werden.

> Jugend im Militärinternat

In den Jahren 1774–76 nahm Schiller zunächst ein Jurastudium auf, wechselte später aber zur Medizin. Der Philosophieunterricht bei Jakob Friedrich Abel und das Studium der alten Sprachen weckten bei Schiller das Interesse für Dichtkunst und Philosophie. Nach bestandenem Examen trat er 1780 seinen Dienst als Regimentsarzt in Stuttgart an. 1781 erschien ohne Verfassernamen sein frühes Dramenexperiment *Die Räuber*, das im Januar 1782 seine Uraufführung am Mannheimer Nationaltheater erlebte, bei der Schiller inkognito anwesend war. Als Schiller im Mai desselben Jahres noch einmal unerlaubt nach Mannheim aufgebrochen war, wurde er vom strengen Herzog mit 14 Tagen Arrest bestraft. Während der Haft nutzte er die Zeit, um am begonnenen Stück *Die Verschwörung des Fiesko zu Genua* weiterzuarbeiten; auch entwarf er den Plan zu dem Drama *Luise Millerin* (dem der Schauspieler Iffland später den Titel *Kabale und Liebe* gab).

Studium
Frühe Dramen

Alle drei Erstlingswerke des jungen Dramatikers lassen sich als Reaktion auf die politischen Umstände des Herzogtums Württemberg verstehen. Inhaltlich und stilistisch sind diese Werke der Epoche des »Sturm und Drang« zuzurechnen und antworten auf die Repressalien, die der absolutistische Staat auf freie Individuen ausübte. Diese literarische Bewegung der so genannten »Geniezeit« wandte sich gegen die Vernunftherrschaft der Aufklärung. Einhergehend mit der Forderung nach Gefühlsfreiheit und schöpferischer Entfaltung des Menschen redete sie dem Kampf für politische Freiheit das Wort.

Sturm und Drang

Der Mannheimer Bühnenerfolg der *Räuber* trug dem jun-

Friedrich Schiller
Gemälde von Emma Körner, 1812

> Schreibverbot

gen Autor ein Schreibverbot unter Androhung von Festungshaft ein. Unzufrieden mit seiner unterbezahlten Stellung als Regimentsmedikus, entschloss er sich zur Flucht, die in einer Septembernacht zusammen mit zwei Freunden vonstatten ging. In Mannheim bemühte sich Schiller vergeblich um die Anstellung als Dramatiker am Nationaltheater. Der Intendant Dalberg, auf dessen Wohlwollen Schiller gehofft hatte, verhielt sich dem Flüchtigen gegenüber distanziert und erklärte sich überdies mit dem *Fiesko* nicht einverstanden. Infolge seiner unsicheren Lage unternahm Schiller in Begleitung seines Freundes Andreas Streicher einen Fußmarsch nach Frankfurt am Main. Der Verkauf des *Fiesko* an den Mannheimer Buchhändler Schwab erbrachte etwas Geld, das für die Schuldentilgung und die Fahrt ins fränkische Bauerbach zum Hofgut der Frau von Wolzogen, einer Gönnerin, reichte. Dort schloss er Freundschaft mit dem Bibliothekar Reinwald und arbeitete weiter an *Kabale und Liebe* sowie am nächsten großen Stück *Don Karlos*. Endlich wand-

> Kurze Anstellung als Theaterdichter

te sich das Blatt zunächst zu seinen Gunsten, denn 1783 erhielt er den Posten als Theaterdichter in Mannheim mit einem festen, wenn auch geringen Jahresgehalt. Doch Schiller sah sich zu großen Zwängen ausgesetzt: Seine Terminverpflichtungen zur Lieferung neuer Stücke hielt er nur schlecht ein. Zudem wurde er angehalten, seine Texte inhaltlich stark zu ändern, weil Dalberg unpolitische Dramen einforderte. Als Schiller im August 1784 wieder entlassen wurde, stürzte er sich in publizistische Arbeiten, um sich finanziell über Wasser halten zu können.

Auch theoretisch setzte sich Schiller mit der Institution Theater auseinander und verfasste eine Antrittsrede bei der

Mannheimer »Deutschen Gesellschaft« mit dem Titel *Vom Wirken der Schaubühne auf das Volk*. In das Jahr 1784 fiel auch die Verleihung des weimarischen Ratstitels durch den Herzog Carl August, der am Darmstädter Hof weilte und in dessen Gegenwart Schiller den 1. Aufzug des *Don Karlos* vortrug.

1785 erschien die Zeitschrift *Rheinische Thalia*, in der neben der Schaubühnen-Rede ebenfalls weitere das Theater betreffende Aufsätze, Briefe und dramaturgische Preisaufgaben enthalten sind. Vorbereitet durch einen regen Briefwechsel mit einem Freundeskreis in Leipzig um den Juristen Christian Gottfried Körner, der ihm ein Leben lang freundschaftlich verbunden war, entschloss sich Schiller, erst dorthin und später nach Dresden überzusiedeln. Der intensive Freundschaftsbund mit Körner ließ Schiller Kraft und Mut finden und veranlasste ihn im Überschwang der Gefühle, das berühmte Lied *An die Freude* zu dichten, aus dem Jahre später Ludwig van Beethoven einige Strophen für den Schlusschor seiner Neunten Symphonie vertonte. Im Sommer 1787 begab er sich für knapp ein Jahr nach Weimar, wo er sich die Förderung des Herzogs und vor allem des berühmten Johann Wolfgang Goethe erhoffte, der sich jedoch zu dieser Zeit auf seiner Italienreise befand.

Freundschaft mit Körner

Weil die Arbeit am *Don Karlos* vertiefte Geschichtsstudien erforderten, beschäftigte sich Schiller in einer groß angelegten Studie mit dem *Abfall der Niederlande von der spanischen Regierung*, deren erster Teil im Jahr 1788 gedruckt wurde. Überhaupt war Schillers schriftstellerische Produktion in dem Zeitraum von 1787 bis 1792 fast ausschließlich von historischen Studien geprägt. 1792 veröffentlichte Schil-

Historische Studien

ler, der 1788 eine unbezahlte Professorenstelle für Geschichte in Jena angenommen hatte, die *Geschichte des Dreißigjährigen Krieges*.

1790 heiratete Schiller Charlotte von Lengenfeld in Jena, wohin er nach zweijährigem Aufenthalt in Weimar gezogen war. Ein Jahr darauf ereilte ihn ein schweres Lungenleiden, von dem er sich zeit seines Lebens nie wieder erholen sollte. Glücklicherweise wurde wenigstens die finanzielle Notlage der Familie Schiller durch ein großzügiges dreijähriges Stipendium des Erbprinzen Friedrich Christian von Schleswig-Holstein-Augustenburg überwunden. So vermochte Schiller sich von 1792 bis 1796 ganz philosophischen und ästhetischen Studien zu widmen. Die Beschäftigung mit der Philosophie Immanuel Kants führte zur Ausbildung von Schillers Ideen von sittlicher Freiheit und Selbstbestimmung des Menschen. In der Brief-Schrift an seinen Gönner von Augustenburg, die 1795 unter dem Titel *Über die ästhetische Erziehung des Menschen* erschien, entwickelte er die Idee, dass der Mensch nicht nur seine Verstandeskräfte ausbilden solle, sondern ebenso seine Sinnlichkeit zu verfeinern habe. Nur so sei die Wiederherstellung der Menschenwürde möglich, die das (zur Zeit Schillers) moderne Individuum aufgrund der spezialisierten Berufe in mechanisierter Arbeitsteilung und seiner einengenden Bindung an soziale Rollen verloren habe.

> Heirat

> Auseinandersetzung mit der Philosophie Kants

Gemeinsam mit dem einflussreichen Stuttgarter Verleger Johann Friedrich Cotta plante Schiller die Kulturzeitschrift *Die Horen*, die er von 1795 bis 1797 herausgab. Für diese Zeitschrift konnte er alle führenden Dichter und Denker Deutschlands gewinnen, unter anderen auch den Humanisten Wilhelm von Humboldt, den er 1794 in Jena kennen gelernt hatte. Seit dem Juli 1794 kam es zudem zu einer tieferen Freundschaft mit Johann Wolfgang Goethe. Ihr gegenseitiges Verhältnis war zuvor eher von Distanz geprägt gewesen. Aber trotz grundverschiedener künstlerischer Denkweisen (Goethe war mehr Realist, der sich auf die konkret sichtbare Natur verließ – Schiller dagegen mehr Idealist, der zu Abstraktion und Reflexion neigte) einte sie doch die Idee des Klassischen: Sie wollten eine am Vorbild der Antike orientierte Nationalliteratur erschaffen, ausgerichtet an dem humanistischen Griechenlandideal und dem klassizistischen Schönheitsbegriff der »edlen Einfalt und stillen Größe« – so wie es der deutsche Archäologe und Kunsthistoriker Johann Joachim Winckelmann in Anbetracht der antiken Bildhauerkunst formuliert hatte. Der klassischen Kunst sollte die Aufgabe zukommen, die Harmonie von Sinnlichkeit und Verstand im Individuum und dem Gemeinschaftswesen mit sittlicher Vollkommenheit darzustellen. Die bekannteste Dichtung Goethes, die dieses Menschlichkeitsideal vorführt, ist das Drama *Iphigenie auf Tauris*. Darin vermag die Priesterin Iphigenie durch ihre Würde und Aufrichtigkeit den Barbaren Thoas, der sie auf der Insel Tauris gefangen hält, zu einem sittlich-schönen Menschen zu bilden. Modellhaft zeigt dieses Schauspiel, wie Menschlichkeit immer wieder aufs Neue errungen werden muss.

Freundschaft mit Goethe

Das Kunstideal der Weimarer Klassik

Die klassische Kunstphilosophie bildet die theoretische Basis für Schillers literarisches Schaffen seiner letzten Lebensjahre, die äußerlich zwar ziemlich ereignisarm, aber ungeheuer schaffensreich waren. 1795 entstanden viele

> **Schillers und Goethes Balladenjahr**

Gedichte, 1796 verteidigten Schiller und Goethe gemeinsam mit ihren *Xenien* (satirische, spöttische Zweizeiler) ihr Humanitätsideal gegen Kritiker. Zwischen beiden Dichterfreunden entbrannte im Jahr 1797 ein Balladen-Wettstreit, in dem sie sich gegenseitig anspornten.

Ein seit der Beschäftigung mit der Geschichte des Dreißigjährigen Krieges lang gehegtes Dramenprojekt nahm

> **Wallenstein – das große historische Drama**

Schiller nun in Angriff. Am Beispiel der geschichtlichen Gestalt des Heerführers Wallenstein wollte er ein nationales Heldengedicht erschaffen. 1798, im Jahr der Ernennung Schillers zum (unbesoldeten) Professor der Universität Jena, wurde der erste Teil der Trilogie, *Wallensteins Lager*, in Weimar uraufgeführt. Im Druck erschien das gesamte Werk 1800 bei Cotta.

In schneller Abfolge schrieb Schiller nun ein Drama nach dem anderen. Bereits im Juni 1800 beendete er seine zweite große historische Tragödie *Maria Stuart*. Trotz immer heftigerer Krankheitsschübe zwang er sich zur Weiterarbeit. Um sich ganz dem Theater widmen zu können, zog Schiller nach der Genesung seiner bei der Geburt einer Tochter schwer erkrankten Frau Charlotte von Jena nach Weimar in die Nähe Goethes.

> Als er ohne Aufschub mit historischen Vorstudien und Arbeiten am Aufbau der *Jungfrau von Orleans* begann, bestimmte die Krankheit bereits seinen Alltag; wochenlang verließ er das Haus nicht. Sein Arbeitspensum war dabei immens und trug noch schneller zum körperlichen Ruin bei.
>
> Am 18. April 1801 vollendete der Dichter das Stück und ließ Goethe kurz darauf das Manuskript mit Vorschlägen

für die Rollenbesetzung zukommen. Mit seiner Adaption des Johanna-Stoffs präsentierte Schiller ein phantastisch anmutendes, ja opernhaftes Bühnenexperiment, das die sinnlichen Möglichkeiten des Theaters voll ausnutzt. Er verstand es in gewisser Weise als Gegenstück zu *Maria Stuart*, deren Protagonistin ihre sinnlichen Leidenschaften in einem Vernunftkorsett und in christlicher Demutshaltung bändigt, bevor sie hingerichtet wird.

Im darauf folgenden Drama *Die Braut von Messina* versuchte Schiller sich an einer Tragödie in strenger klassischer Form mit Chorpartien. Nach diversen Bühnenbearbeitungen in den Jahren 1803/04 (so z. B. Shakespeares *Macbeth* und Gozzis *Turandot*) galt seine gesamte Konzentration dem *Wilhelm Tell*, der Anfang 1804 vollendet wurde.

Im selben Jahr reiste Schiller in Begleitung seiner Frau und seiner beiden Söhne nach Berlin, wo er im Schauspielhaus der Aufführung seiner Stücke beiwohnte und vom Publikum begeistert gefeiert wurde. Der preußische König machte ihm das verführerische Angebot einer hohen Pensionszahlung, wenn der Dramatiker fortan in Berlin lebe und wirke. Doch Schiller wollte lieber weiter im kleinen Herzogtum Weimar leben, weil er sich dort frei und heimisch fühlte. Zudem gewährte ihm der Herzog dort auf seine Bitte hin eine Gehaltserhöhung und verdoppelte sogar sein Jahresgehalt. Am 25. Juli 1804 schenkte ihm seine Frau eine zweite Tochter (insgesamt hatten sie vier Kinder – zwei Söhne und zwei Töchter). Leider war es dem Dichter, der im Grunde zeit seines Lebens kaum materielle Sicherheiten erfahren hatte, nicht vergönnt, sein privates Glück und seine finanziellen Zuwendungen auszukosten. 1805 begann er noch mit der Abfassung eines weiteren Dramas, des *De-*

> *Reise nach Berlin*

> Tod mit 45 Jahren

metrius. Während des Besuchs einer Komödie in Begleitung seiner Schwägerin im Weimarer Theater brach Schiller zusammen, erholte sich nicht wieder und starb am 9. Mai 1805 in seinem Haus auf der Esplanade.

Werktabelle

1781 *Die Räuber. Ein Schauspiel.*
Anthologie auf das Jahr 1782 (Anonym von Schiller herausgegeben).

1783 *Die Verschwörung des Fiesko zu Genua. Ein republikanisches Trauerspiel.*

1784 *Kabale und Liebe. Ein bürgerliches Trauerspiel.*
Verbrecher aus Infamie. Eine wahre Geschichte (Anonym in der *Thalia* erschienen; 1792 unter dem Titel *Der Verbrecher aus verlorener Ehre* veröffentlicht).

1787 *Don Karlos, Infant von Spanien.*

1787–89 *Der Geisterseher. Aus den Papieren des Grafen O.* (Romanfragment, als Fortsetzungsroman in der *Thalia* gedruckt).

1793 *Über Anmut und Würde* und *Vom Erhabenen* (Ästhetische Schriften, in der Publikation *Neue Thalia* erschienen).

1795 *Über die ästhetische Erziehung des Menschen, in einer Reihe von Briefen* (Philosophische Abhandlung, in der Zeitschrift *Die Horen* publiziert).

1795/96 *Über naive und sentimentalische Dichtung* (Abhandlung über die Dichtkunst, in den *Horen* veröffentlicht).

1797 *Xenien* (Gemeinsam mit J. W. Goethe in Schillers *Musenalmanach für das Jahr 1797* herausgebracht).
1798 Balladen (z. B. *Der Ring des Polykrates, Der Taucher, Die Bürgschaft*; gemeinsames ›Balladenjahr‹ mit Goethe).
1798/99 *Wallenstein. Ein dramatisches Gedicht* (Trilogie: *Wallensteins Lager, Die Piccolomini, Wallensteins Tod*).
1800 *Maria Stuart. Trauerspiel.*
1801 *Die Jungfrau von Orleans. Eine romantische Tragödie.*
1803 *Die Braut von Messina oder Die feindlichen Brüder.*
1804 *Wilhelm Tell. Schauspiel.*
1804/05 *Demetrius.*

8. Rezeption

Die Jungfrau von Orleans erschien im Oktober 1801 gedruckt als *Kalender auf das Jahr 1802* bei dem Verleger Johann Friedrich Unger. Sie wurde nicht in Weimar uraufgeführt, sondern in Leipzig, am 11. September desselben Jahres, was mit einem Verbot des Herzogs von Weimar zusammenhing: Der sprach sich gegen eine Aufführung in seinem Herzogtum aus, weil er befürchtete, Schiller habe in Anlehnung an die ihm bekannte Groteske *La Pucelle d'Orléans* von Voltaire ein anstößiges Stück geschrieben. Dies hätte nämlich äußerst blamabel enden können, da die Geliebte des Herzogs, die Schauspielerin Caroline Jagemann, für die Rolle der Jungfrau vorgesehen war. So sah Weimar das Stück erst mit einiger Verspätung im Jahr 1803.

Die *Jungfrau von Orleans* wurde von dem zeitgenössischen Theaterpublikum enthusiastisch aufgenommen. Schiller wohnte der dritten Leipziger Vorstellung am 17. September 1801 bei und konnte bereits nach dem 1. Akt die gewaltige Wirkung seines Stückes auf das Publikum genießen, das ihn mit frenetischem Beifall und Zurufen feierte.

Großer Bühnenerfolg

Auch in vielen zeitgenössischen Briefen und Rezensionen stieß Schillers Stück auf Anerkennung und Zustimmung: In einem Brief vom 9. Mai 1801 äußerte sein Freund Körner, dass Schiller mit der Johanna »die Verbindung der Weiblichkeit mit dem religiösen Heroismus«[10] gelungen sei. Wieland attestierte eine »zauberische Wirkung auf alle Zuhörer«[11]. Begeistert zeigte sich auch Schillers Verleger Georg Joachim Göschen von der »zarte[n] Weiblichkeit und Reinheit des

Mädchens«, welche diese »himmlische Dichtung«[12] hervorzubringen vermag (Brief vom 6. Oktober 1801). Emphatische Bewunderung für die Johannafigur äußerte auch Schillers weibliches Lesepublikum, das nach der Lektüre der Tragödie gerührt war. So bekannte eine Briefeschreiberin, dass sie aus der *Jungfrau* (und auch dem *Wallenstein*) »in den Tagen meines tiefsten Schmerzes […] Mut und Tröstung«[13] für ihr eigenes Leben schöpfe.

Trotz der begeisterten Aufnahme des Dramas um die Jahrhundertwende konterten die Romantiker, Schillers stärkste Gegner seiner Zeit, mit entschiedenem Widerstand. Sie mokierten sich vor allem über die Ferne von der historischen Überlieferung sowie die theatralische Darstellung überhaupt. Für Clemens Brentano und Ludwig Tieck galt es als nicht statthaft, zu der an sich schon legendenhaften und wunderbaren Heiligengeschichte der historischen Jeanne d'Arc noch etwas hinzuzudichten. Immerhin gestand wenigstens August Wilhelm Schlegel aus dem frühromantischen Berliner Kreis in differenzierter Sichtweise zu, dass Schiller eine Art Ehrenrettung des von Voltaire »durch frechen Spott geschändeten Namens« geschaffen habe, weshalb er dem für ihn sprachlich vorbildlichen Stück »ein ausgezeichnetes Glück auf der Bühne«[14] gönnte.

Die Kritik der Romantiker

Die moderne künstlerische Ausformung des Jeanne-d'Arc-Stoffes setzte zu Beginn des 20. Jahrhunderts ein. Der irische Dramatiker George Bernard Shaw sah Schillers *Jungfrau* »in einem Hexenkessel tobender Romantik ertrunken«[15], weshalb er sich mit einer eigenen »Saint Joan« (1923) (dt. *Die heilige Johanna. Dramati-*

Moderne Dramen: Shaw

sche Chronik in sechs Szenen und einem Epilog) gegen jegliche Romantik stellt – drei Jahre nach Jeanne d'Arcs Heiligsprechung durch den Vatikan. Shaw stattet seine Johanna mit natürlicher Klugheit und Tapferkeit aus, die im Grunde die Stimmen der Vernunft vernimmt und den Franzosen ihr Selbstvertrauen wiedergibt. Im Epilog – möglicherweise eine ironisierende Antwort auf Schillers Prolog – erscheint noch einmal der Geist der verbrannten Johanna am Bett König Karls und bittet ihn inständig, auf die Erde zurückkehren zu dürfen, denn eine Heilige wolle sie nicht sein.

Ebenso in die zwanziger Jahre fällt der französische Stummfilm *La Passion de Jeanne d'Arc* (1927/28) von Carl Theodor Dreyer. Der Film stützt sich zwar vorwiegend auf die Prozessakten, weshalb auch die Zwischentitel wörtliche Zitate aus den Verhörprotokollen darstellen, betont aber nicht den politischen Hintergrund; vielmehr besaß für Dreyer die Märtyrergeschichte zeitlose Gültigkeit. Formale Besonderheit des damals gefeierten (und auch von Thomas Mann gerühmten) Films sind Gesichtsaufnahmen und Mimikstudien, welche die psychischen Vorgänge der Personen beeindruckend zum Ausdruck bringen.[16]

In Schlachthöfe und Fleischbörsen verlegt Bertolt Brecht seine Version des Stoffes in dem Drama *Die heilige Johanna der Schlachthöfe* (1929/30), von dem auch zwei Jahre später eine Hörspielfassung im Radio Berlin ausgestrahlt wurde. »Brecht schrieb dieses revolutionäre Agitationsstück zur Zeit der Massenarbeitslosigkeit, nach dem großen Börsenkrach des Jahres 1929 und der Weltwirtschaftskrise. Seine Version der Jeanne d'Arc, diese Johanna Dark, die zu Klassenkampf und Terror bekehrt wird, sollte nebenbei 1931 die

| Brecht |

katholischen Feiern zum 500. Todestag der inzwischen heiliggesprochenen Johanna tödlich ironisieren.«[17] In diesem schockierenden Drama stellt Brecht die unmenschlichen Arbeitsbedingungen in den Fabriken und so die Folgen des Kapitalismus für die Armen dar. Brecht setzt sich inhaltlich und sprachlich mit Schillers Drama auseinander: Parodierend wirkt so die Erkennungsszene, in der Johanna den Fleischkönig Mauler aufgrund seines blutigen Gesichts identifiziert. Die Kapitalisten lässt Brecht in feierlichen Blankversen ihre menschenverachtenden Reden sprechen.

In einem anderen Drama von Brecht aus dem Jahre 1956, *Die Gesichte der Simone Machard*, einem Drama in vier Bildern, aktualisiert der Autor den Stoff dahingehend, dass aus Jeanne d'Arc eine Hotelhilfskraft in einer französischen Kleinstadt wird, die alle Benzinvorräte in Brand steckt, damit sie den deutschen Besatzern im Zweiten Weltkrieg nicht in die Hände fallen.

Eine weitere interessante Ausgestaltung des Stoffes hat der französische Schriftsteller Jean Anouilh vorgenommen. In seinem Schauspiel in zwei Teilen *Jeanne oder Die Lerche (Jeanne ou L'alouette)* aus dem Jahre 1953 präsentiert er die Handlung in Form eines Theaters im Theater. Auf einer leeren Bühne treten die Darsteller nach und nach auf und reden zunächst über ihre Rolle, bevor sie zu spielen beginnen. Die Rahmenhandlung stellt der Gerichtsprozess dar, den der englische Oberbefehlshaber Warwick und der französische Bischof Cauchon führen; dieser wird ständig unvermittelt durch weitere auftretende Personen unterbrochen, die die Versatzstücke der Handlung vorspielen. Die ironische Situationskomik des im Stile einer Stegreifkomödie improvisiert an-

> Anouilh

mutenden Spiels, die das Stück durchzieht, macht bereits der Eingangsdialog deutlich, in dem Warwick fragt: »Alles da? ... Schön. Also dann sofort den Prozeß. Je schneller sie verurteilt und verbrannt wird, desto besser ist es. Für alle.« Darauf erwidert der Vorsitzende des Gerichts, Cauchon: »Aber mein Herr, es soll doch die ganze Geschichte gespielt werden. Domrémy, die Stimmen, Vaucouleurs, Chinon, die Weihe ...«[18] Die geschichtlichen Ereignisse gleiten in jeder der Episoden ins Humoristische hinüber, etwa wenn König Charles Jeanne zum Kartenspiel einlädt, in dessen Verlauf sie dem gelangweilten König mit belanglosen Dorfgeschichten Mut macht und ihn zur Übertragung des Oberbefehls über die französischen Truppen auf sie veranlasst. Das Stück endet abrupt, als Jeanne den eben noch zugesicherten Widerruf zurücknimmt und in Männerkleidern hingerichtet werden will. Als der Holzstoß errichtet ist und Jeanne darauf ein Kreuz einfordert, rennt Beaudricourt atemlos auf die Bühne und pocht darauf, dass diese Szene sofort unterbrochen werden müsse – Jeanne habe das Recht, erst die Krönung zu spielen. So ruft Cauchon ein fröhliches Ende des Dramas aus. Trotz der witzigen Dialoge schuf Anouilh, ähnlich wie Shaw, eine Jeanne d'Arc, die sich selbst und ihren Stimmen vertraut. Schillers Heroisierung setzt er eine sanfte »Lerche« entgegen, die als einfaches Mädchen menschlich bleibt.

Verfilmungen

Nach Dreyer haben schließlich auch noch andere Filmregisseure das legendäre Leben der Jeanne d'Arc auf die Leinwand gebracht (siehe die Filmliste in Kapitel 10).

9. Checkliste

1. Weshalb sind aus aktueller Perspektive heraus die Taten von Schillers Johanna so brisant? Inwiefern kritisiert Schiller die Gewalttaten Johannas?
2. Welche gegensätzlichen Positionen trennen Johanna und ihren Vater? Was wirft Thibaut d'Arc seiner Tochter im Prolog vor?
3. Von welchem Augenblick an beginnt Johannas Selbstbewusstsein zu schwinden? Worin liegen die Ursachen dafür?
4. Welche Kritik bringt Graf Dunois im ersten Aufzug gegen Karl VII. hervor? Welche Verhaltensweisen und Charaktereigenschaften des Königs verabscheut er?
5. Charakterisieren Sie den englischen Heerführer Talbot.
6. Charakterisieren Sie die Königin Isabeau.
7. Wenn Sie Filmregisseur wären, welche Darstellungsform würden Sie wählen in Bezug auf den Prolog: Wie im Dramentext als Vorgeschichte? Oder in Form von Rückblenden? Begründen Sie Ihre Wahl.
8. An welchen Stellen baut Schiller die großen Monologe Johannas ein?
   Nennen Sie dabei zuerst die Akte und Auftritte, in denen Johanna über ihre Stimmung und seelischen Vorgänge Auskunft gibt.
   Welche Ereignisse/Erlebnisse gehen diesen Monologen jeweils voraus?
9. Welche Akte nutzt Schiller zur Exposition? Was erfährt der Leser/Zuschauer in ihnen?
10. Welche zwei Handlungslinien stehen im Vordergrund der Tragödie?

11. Was versteht Schiller unter der Romantisierung von geschichtlichen Ereignissen in seiner Tragödie?
    Formulieren Sie aus der Sicht eines Romantikers kritische Anmerkungen.
12. Welche politische Botschaft sahen viele Zeitgenossen in dem Drama?
    Erläutern Sie diesbezüglich anhand der 3. Szene des Prologs Johannas Vision vom idealen Staat.
13. Inwiefern stellt die Montgomery-Szenenfolge ein wichtiges Moment in Johannas innerer Entwicklung dar?
14. Worin liegt Johannas Rollenkonflikt begründet?
    Welche Figur setzt der Dichter ein, um Johannas Dilemma zu veranschaulichen?
15. Was halten Sie von Johannas Heldentod als Märtyrerin und Gotteskriegerin?
    Nehmen Sie dabei Stellung zur folgenden These: ›Im Dienste der Pflichterfüllung darf man sein Ich, sein Menschsein / seine Menschlichkeit aufgeben‹.
16. Erläutern Sie, wodurch Johanna ihre »Selbstständigkeit« erlangt.
    Inwiefern erreicht Johanna dadurch – wenn auch erst im Tod – eine Art höherer Freiheit?
17. Inwiefern hat die opernhafte Anlage der Tragödie die positive Aufnahme beim zeitgenössischen Publikum gefördert?
18. Wie haben sich Autoren des 20. Jahrhunderts mit dem Johanna-Stoff auseinander gesetzt?
    Wie gehen George Bernard Shaw und Jean Anouilh mit der Figur der Johanna – im Gegensatz zu Schiller – um?
    Inwiefern haben Shaw und Brecht sich in ihren Stücken ironisch auf Schillers Drama bezogen?

10. Lektüretipps/Filmempfehlungen

Textausgabe

Friedrich Schiller: Die Jungfrau von Orleans. Eine romantische Tragödie. Anmerkungen von Ulrich Karthaus. Durchgesehene Ausgabe auf Grundlage der neuen amtlichen Rechtschreibregeln. Stuttgart: Reclam, 2002 [u. ö.]. (Universal-Bibliothek. 47.) – *Die Zitate in diesem Lektüreschlüssel beziehen sich auf diese Ausgabe.*

Werkausgabe

Friedrich Schiller: Werke und Briefe in zwölf Bänden. Hrsg. von Otto Dann u. a. Frankfurt a. M.: Deutscher Klassiker Verlag, 1988 ff. – *Für den Schulgebrauch ist die Verwendung einer Werkausgabe eigentlich zu aufwändig. Möchte man sich aber beispielsweise einige Briefe, die Schiller im Zusammenhang mit einem Werk an seine Freunde, andere Dichter oder Verleger geschrieben hat, ansehen, lohnt sich ein Blick besonders in diese Frankfurter Ausgabe, in der die alte Schreibweise ein wenig für heutige Leser vereinfacht worden ist. In Band IV, erschienen 1996, finden sich Briefe und weitere Zeugnisse zur* Jungfrau von Orleans.

Biografien und Gesamtdarstellungen

Alt, André-Peter: Friedrich Schiller. München: Beck, 2004. – *Dies ist die Kurzversion eines mittlerweile zum wissenschaftlichen Standardwerk avancierten, zweibändigen Schillerbuchs von Alt. Es bietet vertiefende Einblicke in Schillers literarische und geistige Welt.*

Koopmann, Helmut: Schiller. Eine Einführung. München/ Zürich: Artemis, 1988. (Artemis-Einführungen. 37.) – *Der Schillerexperte Koopmann hält mit diesem lesenswerten Band eine relativ kurz gehaltene Einführung bereit, die man auch ohne besondere Vorkenntnisse nutzen kann und die sich um klare inhaltliche Werkwiedergaben bemüht.*

Lahann, Birgit: Schiller. Rebell aus Arkadien. Mit Fotos von Ute Mahler. München: Deutsche Verlags-Anstalt, 2005. – *Dieser mit reichhaltigem Bildmaterial und vielen schönen Fotografien ausgestattete Band erzählt in unterhaltsamer, spannender Weise das Leben des Dichters.*

Oellers, Norbert: Schiller. Elend der Geschichte, Glanz der Kunst. Mit 38 Abbildungen. Stuttgart: Reclam, ²2005. – *Der Autor – Herausgeber der berühmten Schiller-Nationalausgabe – verfolgt in nachvollziehbarer, quellennaher Weise das Leben und das Werk des Dichters. Die einzelnen Werkkapitel, wie z. B. das über Die Jungfrau von Orleans (S. 248–269), laden auch zur Einzellektüre ein.*

Pilling, Claudia [u. a.]: Friedrich Schiller. Reinbek bei Hamburg: Rowohlt, 2002. (rororo Monographien. 50600.) – *Wie alle Bände aus der bekannten Rowohlt-Reihe werden in Abfolge der chronologischen Lebensdaten Biografie und Werke vorgestellt. Der Schwerpunkt liegt dabei auf der genauen Lebensschilderung des Autors, wobei auch ausführlich auf die Zeitumstände eingegangen wird. Viele Bildmaterialien lassen die Darstellung anschaulicher werden.*

Literatur zur *Jungfrau von Orleans*

Albert, Claudia: Friedrich Schiller: Die Jungfrau von Orleans. Frankfurt a. M.: Diesterweg, 1988. – *Dieser eher für Studentinnen und Studenten der Germanistik gedachte Einführungsband bietet, neben den historischen Hintergründen, eine sehr ausführliche Beschreibung der Werkstruktur der Tragödie sowie vertiefende Interpretationen an.*

Karthaus, Ulrich (Hrsg.): Erläuterungen und Dokumente: Friedrich Schiller: *Die Jungfrau von Orleans*. Stuttgart: Reclam, 2006. (Reclams Universal-Bibliothek. 16053.) – *Ein bewährter Materialband aus der bekannten ›grünen‹ Reihe aus dem Hause Reclam mit umfangreichen Wort- und Sacherläuterungen. Da dort eine Vielzahl an Zeugnissen zusammengestellt sind, reicht es sicher, sich für seine Zwecke (z. B. für ein Referat über die historische Jeanne d'Arc oder Schillers historische Quellen) selektiv zu ›bedienen‹.*

Sauder, Gerhard: Die Jungfrau von Orleans. In: Interpretationen. Schillers Dramen. Hrsg. von Walter Hinderer. Reclam: Stuttgart, 1992 (Reclams Universal-Bibliothek. 8807.). S. 336–384. – *Dieser sehr lange, ausführliche Aufsatz ist für Schüler wohl nicht in seiner Gesamtheit zu bewältigen. Allerdings lassen sich mit Gewinn einige Abschnitte lesen: Interpretationsansätze, S. 338–349; Sprechaktanalyse, S. 363–369.*

Scharfarschik, Walter: Die Jungfrau von Orleans. In: Ders., Literaturwissen: Friedrich Schiller. Stuttgart: Reclam, 1999 (Reclams Universalbibliothek. 15218.). S. 125–134. – *Mithilfe dieser prägnanten Inhaltsangabe, die mit Deutungsansätzen angereichert ist, können sich Schülerinnen und Schüler schnell einen Überblick über Schillers Drama verschaffen. Dieser »Literaturwissen«-Band hält übrigens neben einem Abschnitt über »Autor und Werk« auch Inhaltswiedergaben aller wichtigen Werke des Dichters bereit.*

Verfilmungen

La Passion de Jeanne d'Arc (Die Passion der Jungfrau von Orléans / Johanna von Orléans). Frankreich (Société Genérale de Films) 1927/28. 35 mm, s/w, Stummfilm. Regie: Carl Theodor Dreyer. Darsteller: Maria Falconette (Jeanne d'Arc) u. a.

Joan of Arc (Johanna von Orleans). USA (RKO Radio) 1948. 145 Min. Regie: Victor Fleming. Darsteller: Ingrid Bergman (Joan of Arc) u. a. – *Eine aufwändige Verfilmung eines Broadway-Bühnenstücks mit rasanten Massen- und Schlachtszenen. Ingrid Bergmans (bekannt aus Casablanca) Interpretation der Johanna-Figur erfuhr damals große Anerkennung.*

Joan of Arc (Johanna von Orleans). Frankreich (Columbia TriStar / Buena Vista) 1999. 165 Min. Regie: Luc Besson. Darsteller: Milla Jovovich (Johanna von Orleans) u. a. – *Das Heyne-Filmjahrbuch von 2001 hält folgenden Kommentar bereit: »Endlich und endgültig ist Johanna von Orleans mit diesem Film in der Moderne angekommen, nicht als Heilige, sondern als im Innersten gebrochene psychotische Actionheldin. Bevor Luc Besson Frankreichs militantester Transvestitin mit der Kamera ins wilde Kampfgetümmel hinterherhetzt, spielt er den Psychoanalytiker, der alle Geheimnisse offenbaren kann. Johannas Visionen werden flashig bebildert [...].«*[19]

Jeanne d'Arc. Die Frau des Jahrhunderts (Joan of Arc). USA/Kanada 1999. Fernsehserie in zwei Teilen. 180 Min. Regie: Christian Duguay. Darsteller: Leelee Sobieski (Joan of Arc) u. a. – *Eine beachtenswerte Fernsehproduktion, die zwölf Emmy-Nominierungen und einen Fernseh-Oscar erhielt. Hochkarätig ist die Besetzung der weiteren Rollen mit Alt-Hollywoodstars: Peter O'Toole, Shirley MacLaine, Maximilian Schell u. a.*

Anmerkungen

1 Gerhard Schulz, *Die deutsche Literatur zwischen Französischer Revolution und Restauration. Erster Teil: Das Zeitalter der Französischen Revolution 1789–1806*, 2., neubearb. Aufl., München 2000 (*Geschichte der deutschen Literatur von den Anfängen bis zur Gegenwart*, Bd. 7), S. 517.
2 Umfangreichere Informationen bietet: Ulrich Karthaus (Hrsg.), *Erläuterungen und Dokumente, Friedrich Schiller, »Die Jungfrau von Orleans«*, Stuttgart 2006 (Reclams Universal-Bibliothek, 16053).
3 Claudia Albert, *Friedrich Schiller: Die Jungfrau von Orleans*, Frankfurt a. M. 1988, S. 13.
4 *Erläuterungen und Dokumente*, (siehe Anm. 2), S. 65 f.
5 Ebd., S. 68.
6 Ebd.
7 Ebd., S. 69 f.
8 Rüdiger Safranski, *Schiller oder Die Erfindung des deutschen Idealismus*, München 2005, S. 485.
9 *Erläuterungen und Dokumente* (siehe Anm. 2), S. 72.
10 Ebd., S. 83.
11 Ebd., S. 85.
12 Ebd., S. 87.
13 Ebd., S. 90.
14 Ebd., S. 96.
15 George Bernard Shaw, *Die heilige Johanna. Dramatische Chronik in sechs Szenen und einem Epilog*, übers. von Wolfgang Hildesheimer, Frankfurt a. M. [14]1995, S. 36.
16 Vgl. *Metzler-Film-Lexikon*, hrsg. von Michael Töteberg, Stuttgart [u. a.] 1995, S. 451 f.
17 Georg Hensel, *Spielplan. Der Schauspielführer von der Antike bis zur Gegenwart. Band II*, 4., erw. und überarb. Aufl. 1995, S. 1016.
18 *Die heilige Johanna. Schiller, Shaw, Brecht, Claudel, Mell, Anouilh*, hrsg. v. Joachim Schondorff, München/Wien 1964, S. 395.
19 Robert Weixlbaumer in: *Film-Jahrbuch 2001*, hrsg. v. Lothar Just, München 2001, S. 263 f.

Raum für Notizen